Elogios para

Margarita Pasos y su libro

PASOS DE GIGANTE

"*Pasos de gigante* es un manifiesto de vida, una obra de consulta y referencia en la literatura de desarrollo humano. Margarita Pasos entrelaza el rigor académico de sus estudios con la muy única y seductora manera de dialogar con el lector, para dejarnos en cada página un aprendizaje y en cada paso, un salto cuántico de conciencia".

—Ismael Cala,
escritor y estratega de vida

"La clave del éxito de Margarita Pasos, queda al descubierto en este impactante libro, el cual es uno de mis favoritos, ya que es una guía para transformar tu destino".

—Michelle Galván,
presentadora del programa "Primer Impacto"
de la cadena Univision

"A veces la vida te pone ante un gran laberinto sin saber a donde ir o como salir de él, *Pasos de gigante* de Margarita Pasos, es esa guía incluso si lo quieres ver así podría ser una luz o ese consejo a tiempo que te mueva, ese mensaje que a veces necesitamos a tiempo, una herramienta de grandeza que hace que tu seguridad y amor propio aumente y te prepare para enfrentar esos difíciles momentos que a veces nos sorprenden y nos dejan sin piso estable, pero que a su vez nos preparan para el éxito. Del caos nacen grandes situaciones solo debemos saber aprovechar ese caos."

PASOS DE GIGANTE

LA INFORMACIÓN QUE NECESITAS PARA TRIUNFAR EN LA VIDA
Y EN LOS NEGOCIOS, EXPLICADA DE UNA MANERA SENCILLA

BRIAN TRACY & MARGARITA PASOS

GRUPO NELSON
Desde 1798

Para otros materiales, visítenos en:
gruponelson.com

PASOS DE GIGANTE

ISBN: 978-1-40411-939-0
eBook: 978-1-40411-940-6
Audio: 978-1-40411-941-3

La información sobre la clasificación de la Biblioteca del Congreso está disponible previa solicitud.

Impreso en Estados Unidos de América
23 24 25 26 27 LBC 5 4 3 2 1

DEDICATORIA

A Dios sobre todas las cosas.

A mi esposo, mis hijos y mi mamá,
que son mi roca.

A mi papá en el cielo.

A Brian Tracy por ser una luz
para el mundo.

A ti que lees este libro,
para que vivas una vida fantástica
y abundante siempre.

CONTENIDO

CONTENIDO

PRÓLOGO

Por: Brian Tracy

El propósito de mi vida se volvió claro para mí hace más de 40 años. Nunca ha cambiado. Es este: "Mi misión es ayudarles a las personas a lograr sus objetivos más rápido de lo que ellas lo harían en ausencia de mi ayuda".

En los años transcurridos desde que formulé esta misión, he escrito más de 90 libros, producido más de 300 programas de aprendizaje de audio y video, algunos de los cuales se han traducido a 20 idiomas y se han dirigido a millones de personas en 23 países. He dado conferencias magistrales de 20 minutos y seminarios intensivos de desarrollo personal y profesional hasta de cinco días. Les he presentado planificaciones estratégicas a empresas de miles de millones de dólares y también a organizaciones emprendedoras que apenas comienzan en el mundo de los negocios. Y en todos los casos, mi enfoque ha sido siempre el mismo: brindar ideas, métodos y estrategias prácticas y comprobadas, sencillas y fáciles de aplicar, de tal manera que la gente pueda utilizarlas para lograr mucho más y en menos tiempo del que lo lograría si no tuviera a la mano todas estas herramientas que les ofrezco.

La razón de escribir *Pasos de gigante*, junto a Margarita Pasos, es condensar a lo largo de estas páginas algunas de las mejores ideas que hemos aprendido para establecer y alcanzar toda clase de metas.

Además, este libro está escrito para hombres y mujeres ambiciosos que se toman en serio el propósito de alcanzar tanto como sea posible y a la mayor brevedad. Las historias más maravillosas que he escuchado de mis alumnos y seminaristas son sus relatos de los grandes éxitos que ellos han logrado como resultado del aprendizaje y la aplicación de las herramientas y técnicas aquí explicadas.

Margarita y yo estamos convencidos de que todos los seres humanos tenemos la capacidad de hacer algo maravilloso con nuestra vida. Quizás, el objetivo más alto que tenemos todos y cada uno es marcar de alguna manera una diferencia en el mundo. Por eso, es solo cuando estamos haciendo algo que sabemos que mejorará la vida de los demás que nos sentimos verdaderamente vivos y humanos. De ahí que una de las experiencias más maravillosas sea sentir que tienes el control total de tu propia vida y de tu propio futuro.

Así que, no lo dudes, *este libro, directo, breve y claro* te mostrará cómo poner tus manos en el volante de tu propio futuro, pisar el acelerador de tu propia vida y avanzar más rápido y más allá de lo que nunca imaginaste posible.

Te deseamos mucho éxito en los emocionantes meses y años que se avecinan a medida que pones en práctica estas ideas.

INTRODUCCIÓN

Por: Brian Tracy

En una ocasión, un joven le dijo a un filósofo: "La vida es dura".

Un poco pensativo, el filósofo le contestó: "La vida es dura… ¿en comparación con qué?".

La vida es una oportunidad maravillosa y preciosa. Para muchos de nosotros, hoy, nuestra vida está llena de oportunidades y posibilidades que nunca antes habían estado a nuestro alcance. Este es el mejor momento en toda la Historia Humana para estar vivo y, en todo caso, los próximos años proyectan ser mejores y más brillantes.

Benjamín Franklin afirmó: "¿Valoras la vida? Entonces, no pierdas tiempo, porque de él está compuesta tu existencia".

Lo que he descubierto es que la mayor pérdida de vida y tiempo no está implícita en la tradicional lista de *interrupciones inesperadas, emergencias, visitas sin cita previa o llamadas telefónicas* que recibimos a diario. El mayor desperdicio de vida ocurre cuando las personas viven sin metas, sin un significado, ni un propósito claro. De ahí que el viejo dicho de "no planear es planear para fallar" sea 100% verdad.

Muchas personas viven su vida como la del perro que se la pasa persiguiendo conejos en un campo, pero sin cazar ninguno. Primero, corre tras uno de ellos y, de repente, aparece otro conejo; entonces, el perro se desvía y se va a perseguir a ese segundo conejo que surgió a su vista. Y justo cuando ya casi lo atrapa, aparece un tercer conejo y el perro cambia de nuevo su rumbo y ahora se dirige a alcanzar a su tercera presa. Por supuesto, el resultado de tan ardua faena es que terminó el día agotado y sin capturar a ninguno de los tres conejos.

Esta es la historia de demasiadas vidas y carreras. Debido a que las personas no tienen claridad acerca de sus metas y objetivos, van de un trabajo en otro; persiguen una oportunidad de inversión y luego quieren dedicarse a otra cosa; entran en una relación y luego saltan rápidamente a otra, en fin... Pasan años y décadas sin lograr mayores metas por su falta de claridad y enfoque.

Tu habilidad para enfocarte y concentrarte en línea recta hacia una meta claramente definida es esencial para lograr cualquier cosa por la que valga la pena luchar. Por eso, en las páginas siguientes, te mostraremos cómo hacerlo. Te explicaremos paso a paso un sistema de establecimiento y logro de metas que podrás usar y aplicar por el resto de tu vida hasta conseguir lo que realmente deseas, más rápido de lo que te imaginas.

Cuando yo era adolescente y abandoné la escuela secundaria, lo hice, porque quería ver el mundo. Así que, a medida que avanzaba, trabajé lavando platos, fui obrero de construcción, de fábrica, de rancho, marinero en un carguero noruego en el Atlántico Norte y, finalmente, como obrero agrícola, durmiendo entre el heno en el establo del granjero que me contrató y comiendo con su familia.

Cuando ya no pude conseguir un trabajo manual, entré en el mundo de las ventas directas y empecé a ganar comisiones. Las cobraba a diario, pues tenía que pagar mi habitación *cada noche*.

Un día, sentado solo en mi pequeña habitación, tomé por impulso un pedazo de papel y escribí una lista de *las metas* que quería lograr en los próximos meses. No supe cómo, pero, de alguna manera, perdí aquel papel y nunca volví a encontrarlo. Sin embargo, en 30 días, mi vida había cambiado.

Mi objetivo principal era ganar más dinero proveniente de mis ventas. Así que, a la semana siguiente, me inventé un método de venta que funcionó mejor que cualquier otro que hubiera probado hasta ese momento. Obviamente, al usarlo, tripliqué mis ventas al final del primer día y todos los días a partir de entonces. En cuestión de un mes, me convertí en el mejor de los 32 colegas vendedores con los que trabajaba.

Luego, el dueño de la empresa le vendió toda la operación a otro empresario que acababa de llegar a la ciudad. El hecho es que, exactamente 30 días después de haber escrito mi lista de metas, el nuevo jefe me ofreció un salario base de $1,000 dólares al mes y me otorgó autoridad sobre el resto de los vendedores. Aquella oferta salarial era más que todo el dinero que yo había ganado hasta ese momento. Además, ese era el objetivo principal de mi lista de metas por cumplir.

El hecho es que, en cuestión de un año, cambié de trabajo dos veces. Aumenté mis ingresos en casi el 500%, recluté una fuerza de ventas para una nueva empresa y me mudé a un hermoso apartamento amoblado. Pasé de comer comidas rápidas y de dar bocados aquí y allá a comer en buenos restaurantes; dejé de transportarme en autobuses y taxis y me compré mi propio auto; ascendí de vendedor a ser un gerente de ventas que construyó una fuerza de ventas compuesta por 95 personas, con seis oficinas, generando negocios de millones de dólares al mes. En otras palabras, me di cuenta de que había algo extraordinario en el proceso del establecimiento de metas.

Fue así como aprendí que, cuando escribes tus metas, en realidad, las estás programando en tu mente subconsciente y allí estas adquieren un poder propio que, junto con tu mente superconsciente, trabaja en dichas metas durante las 24 horas del día, bien sea que estés dormido o despierto.

Esto significa que, cuando has programado tu mente con metas claras y escritas, activas una serie de poderes mentales que rara vez son utilizados por el promedio de la gente. Comienzas a atraer personas y circunstancias a tu vida que están en armonía con tus planes y a obtener ideas y percepciones que te mueven hacia tus metas. Además, te vuelves más alerta y consciente de todo aquello que podrías hacer para ayudarte a alcanzarlas aún más rápido. En otras palabras, cuando tienes claro lo que quieres, los resultados de tu mundo exterior comienzan a reflejar, como un espejo, las ideas e imágenes de tu mundo interior.

Por eso, cada vez que algunos vendedores curiosos me preguntaban qué estaba haciendo diferente para obtener tan maravillosos resultados, yo les mostraba cómo escribir sus metas y hacer los planes necesarios para lograrlas; cómo establecer prioridades y organizarse y cómo orientarse al máximo en todo lo que hicieran para avanzar en el cumplimiento de sus objetivos. En resumen, les enseñaba a enfocarse y trabajar en lo que realmente querían conseguir a lo largo de la vida.

Uno tras otro, como los aviones despegando de un espectáculo aéreo, muchos de estos vendedores construyeron vidas fabulosas. Algunos de ellos se convirtieron en millonarios y miembros destacados de sus comunidades. Se casaron en medio de una magnífica situación financiera, así que compraron hermosas casas en las mejores vecindades y cuanto querían tener. Y todo eso fue debido a que ellos implementaron en su vida el proceso de la fijación de metas.

Como verás, cuando empiezas a aplicar los principios del establecimiento sistemático de metas, también comienzas a obtener resultados incluso mayores a los esfuerzos que realizas. Pasas del rendimiento promedio a obtener resultados extraordinarios. Te vuelves más competente y creativo. Desbloqueas tus poderes mentales y empiezas a alcanzar niveles que a menudo sorprenderán a quienes te rodean.

Thomas Carlyle afirmó: "Un hombre sin un objetivo no obtiene ningún progreso, ni siquiera cuando va por el más suave de los caminos. En cambio, un hombre con un objetivo específico avanzará incluso en medio del camino más difícil".

En una ocasión, le preguntaron acerca de sus "secretos de éxito" a HL Hunt, el multimillonario petrolero, hijo de un granjero de Arkansas que se convirtió en uno de los hombres más ricos del mundo. Él respondió que solo hay dos acciones esenciales necesarias para que un soñador tenga éxito. La primera es que debes decidir con total exactitud qué es aquello que quieres lograr. Es increíble, pero la mayoría de la gente nunca hace esto. La segunda es que debes determinar cuál es el precio que tendrás que pagar para cumplir dicho objetivo.

El *precio* del éxito viene con dos requisitos. En primer lugar, hay que pagarlo *por adelantado*. La vida no es un restaurante en el que pagas la cuenta después de haber comido. Más bien, es una cafetería donde cancelas en la registradora antes de sentarte a comer.

El segundo requisito con respecto al precio del éxito es que hay que pagarlo *por completo* antes de disfrutarlo. Además, en cualquier momento de tu vida, podrás determinar cuánto del precio hacia tu éxito has pagado hasta la fecha. Solo es cuestión de que mires a tu alrededor y observes cuál es tu estilo de vida actual, cuáles son tus ingresos y hasta dónde asciende tu nivel de éxito en tu campo de acción, pues todos estos factores serán el equivalente al precio que has pagado para estar donde y como estás.

Ahora, si no te sientes satisfecho con lo que has logrado, ponte a trabajar de inmediato y comienza a pagar el precio de las recompensas y los resultados que deseas disfrutar en el futuro. No hay límites en las metas que quieras trazarte, excepto los que te pongas a ti mismo con tus propios pensamientos.

He dado miles de conferencias alrededor del mundo a audiencias de hasta 23.000 personas y hay un mensaje que repito en casi todas mis presentaciones. Es este: *decide exactamente lo que deseas lograr, escríbelo, haz un plan para lograrlo y luego dedícate a trabajar en él todos los días.*

El 95% de lo que haces en la vida está determinado por los hábitos que sigues desde el momento en que te levantas hasta la hora en que te acuestas. Las personas exitosas son aquellas que han desarrollado *hábitos de éxito*. Las personas sin éxito son aquellas que aún no han desarrollado estos hábitos.

Por lo tanto, *el hábito más importante que puedes desarrollar a partir de este momento es el hábito de establecer metas de manera regular.* Este hábito te ayudará a asegurarte de construir una gran vida y te servirá más que cualquier otro hábito o comportamiento que aprendas.

Por supuesto, la fijación de metas por sí sola no es suficiente. También debes aprender las habilidades clave, aquellas que son imprescindibles para lograr tus objetivos.

Tendrás que ser positivo y optimista ante los problemas y las dificultades.

Necesitarás asumir la plena responsabilidad de tu vida y de todo lo que te suceda. Así que aprende a identificar cuáles son tus habilidades especiales, tus fortalezas y destrezas y aplícalas hasta posicionarte en tu trabajo y en tu campo de acción.

Enfócate en descubrir los secretos que se necesitan para amasar una fortuna, incluyendo las mejores *estrategias para comenzar a construir, mantener y hacer prosperar un negocio exitoso,* ya sea tuyo o de alguien más.

Dedícate a conocer y a manejar las mejores técnicas para influenciar y persuadir, de tal modo que incrementes tu eficiencia y logres obtener el apoyo de las personas clave en el mundo que te rodea.

Actualiza continuamente tus conocimientos y habilidades para que puedas desempeñarte al más alto nivel posible.

Y finalmente, *desarrolla las cualidades del coraje y la persistencia* sin las cuales es imposible alcanzar el éxito. *Lucha por superar los miedos y las dudas* que frenan a la mayoría de la gente *y respalda* con determinación inquebrantable todo lo que hagas.

En las páginas siguientes, encontrarás un proceso poderoso que te permitirá avanzar a *pasos de gigante* hacia cualquier meta que quieras lograr en tu vida. Aprenderás a aumentar tus ingresos a gran velocidad y a adquirir independencia financiera. Te mostraremos cómo construir una maravillosa vida familiar y cómo establecer y alcanzar metas para tu salud y bienestar. Te ayudaremos a ahorrarte muchos años de arduo trabajo para que alcances el mismo nivel de logros y recompensas que el de los grandes emprendedores, porque, si te lo propones, tú también serás un gran emprendedor.

La capacidad de establecer y alcanzar metas es muy parecida al eje de una rueda: todo gira en torno a él. Una vez que hayas aprendido esta habilidad, podrás usarla por el resto de tu vida.

¡Empecemos!

CAPÍTULO 1

Toma el control de tu destino (Autorresponsabilidad)

"Si nunca es nuestra culpa, no podemos tomar la responsabilidad. Si no podemos ser los responsables, siempre seremos las víctimas".

Richard Bach

Brian

¿Alguna vez te has puesto a pensar que todo lo que eres o serás depende de ti por completo? Estás donde estás por lo que hiciste y dejaste de hacer ayer. De igual modo, mañana estarás donde estarás por lo que hagas y dejes de hacer hoy. Todo lo que existe en tu vida existe por ti, por tus propias decisiones y por tu propio comportamiento; por tus propias palabras y acciones. Tú tienes libertad de elección y, debido a que has elegido las circunstancias de tu vida, tú eres 100% responsable de todos tus éxitos y fracasos, de tu felicidad e infelicidad, de tu presente y tu futuro.

Margarita

La primera vez que le oí decir esto a Brian, sus palabras me causaron gran impacto. Había pasado años echando culpas. Según yo, todas las "desgracias en mi vida" tenían una causa ajena a mí. Sufría de algo a lo que hoy llamo *"Es-que-zofrenia"*. "Es-que" fulano, "es-que" mi país, "es-que" el gobierno, "es-que" esto o "es-que" aquello. Nunca o casi nunca decía es "que-yo…". Sí. Yo, Margarita. Yo nunca era la culpable, ni la única responsable de mis pobres resultados. Brian me enseñó una ecuación a la que él llama "victoriosos/víctimas". El concepto es que las personas victoriosas están arriba de la línea del éxito, alcanzan un desempeño más alto y son felices. En cambio, las personas víctimas viven por debajo de la línea del éxito, su nivel de desempeño es bajo y, por consiguiente, son infelices. Las víctimas sufren de lo que te expliqué que es *"es-que-zofrenia"* y, al echar culpas todo el tiempo, se mantienen victimizadas, culpando a todo aquello que no pueden controlar.

Cuando empezó el Covid, mi esposo y yo llevábamos poco tiempo de haber regresado a los Estados Unidos, luego de vivir una especie de guerra civil en Nicaragua y regresar casi sin nada a Miami. Nuestro negocio era con clientes corporativos solamente y, como imaginarás, en cuestión de semanas, todos nos cancelaron las capacitaciones que habían contratado con nosotros para el año 2020. ¡Absolutamente, todos! Quedamos en cero clientes. Por fortuna, ya conocíamos muy bien este tema de victoriosos/víctimas y, en lugar de decir "es que" el Covid, "es que" las empresas (circunstancias que no podíamos controlar), decidimos ser autorresponsables y enfocarnos en nosotros, pues era lo único que estaba bajo nuestro control.

Brian también nos enseñó que la actividad mejor pagada del mundo es la de pensar. Sí, pensar, pero no en la "maternidad de la cucaracha", sino pensar en opciones, soluciones y lecciones. Entonces, mi esposo y yo decidimos no ser "víctimas del Covid" en cuanto a nuestro negocio se trataba y nos sentamos a pensar. Escribimos en un papel: ¿Cómo podemos generar X cantidad de dinero en 30 días? Seguidas a esa pregunta, continuamos con otras excelentes preguntas y la meta fue encontrar, como mínimo, 20 respuestas. ¿Qué libro podemos leer? ¿Con qué recursos contamos? ¿Qué necesita la gente en este momento que nosotros podamos darle? ¿Qué otros clientes hay que no sean corporativos? Y en cuestión de 20 minutos, nació la universidad online Pasos al Éxito que hoy tiene alumnos en más de 45 países. Nuestra empresa creció 500% en facturación en 2020 y se duplicó de nuevo en 2021. Todo porque, en lugar de sentarnos a "echarle la culpa al Covid" y ser sus víctimas, dijimos: "Somos responsables y manos a la obra".

Brian

Este pensamiento de la responsabilidad individual es como un salto en paracaídas. Es aterrador y estimulante al mismo tiempo. Es uno de los conceptos más grandes e importantes que jamás se te hayan ocurrido a ti o a cualquier otra persona. La aceptación de la responsabilidad propia es lo que separa al adulto del niño, al líder del seguidor, al ganador del perdedor. Es el gran salto hacia la madurez.

> **La aceptación de la responsabilidad propia es lo que separa al adulto del niño, al líder del seguidor, al ganador del perdedor.**

La responsabilidad va de la mano con el éxito, el logro de metas, la motivación, la felicidad y la autorrealización. Es el requisito mínimo absoluto para la realización de todo y de cualquier cosa que desees obtener en la vida.

Aceptar que eres completamente responsable de ti mismo te pone en control total de tu vida. Entender que *"nadie vendrá a tu rescate"* es el principio fundamental del alto rendimiento. Hay muy pocas cosas que no podrás hacer o tener cuando declares: "Si va a suceder, ¡depende de mí!".

Entender que *"nadie vendrá a tu rescate"* es el principio fundamental del alto rendimiento.

Llevo estudiando el tema de la responsabilidad personal por más de 20 años. Cuando lo encontré por primera vez, en un libro sobre filosofía, no tenía idea de lo necesaria que era la autorresponsabilidad para construir y llevar una vida feliz. Pero, cuanto más lo estudiaba y aprendía al respecto, más me daba cuenta de que esta decisión es anterior a cualquier otra cosa que pretendas hacer. Es el punto de partida del éxito.

La aceptación de la responsabilidad propia se produce incluso antes de establecer metas, y todo el mundo sabe que esta es una razón clave para alcanzar el éxito. Es decir, hasta que no aceptes tu responsabilidad de los resultados que obtengas, no establecerás metas, ni planes serios, ni harás compromisos firmes para lograrlos. Si no aceptas que solo tú eres 100% responsable de lo que obtengas, inconscientemente, te habrás dejado una salida.

Lo contrario a aceptar tu responsabilidad es crear excusas y culpar a otras personas o situaciones por lo que está sucediendo en tu vida. Y como casi todo lo que haces es una cuestión de hábito, si adquieres el hábito de inventar excusas, también estás adquiriendo el hábito de evadir tu responsabilidad. Entonces, si te fijas una meta u objetivo, creas de inmediato una excusa que mantendrás en reserva en caso de que el logro de tu meta te resulte demasiado difícil de alcanzar o requiera de más autodisciplina y persistencia de las que habías pensado. Así, tan pronto como las cosas empiecen a salirte mal, al no querer hacerte responsable de tus bajos resultados, sacarás tu excusa y amparado en ella evadirás tu verdadera responsabilidad.

Ahora, si no encuentras manera de sacar excusas para justificar las cosas de tu vida que no te gustan, elegirás culpar por ello a otras personas o a diversidad de eventos o circunstancias.

Las salas de espera de sicólogos y sicoterapeutas están llenas de personas que todavía están culpando a sus padres por sus defectos y problemas actuales; de gente que todavía está diciendo que alguien o algo más es responsable de su fracaso personal y por eso siguen mirando hacia afuera, en busca de explicar las partes de su vida que no les gustan. Inconscientemente, han desarrollado el hábito de poner excusas y culpar a otros como su primera respuesta a cualquier dificultad, haciendo evidente que no saben hacer otra cosa mejor que esas dos: crear excusas o culpar a los demás.

Sin lugar a duda, tus padres son responsables de traerte al mundo. También son 100% responsables de ti cuando eres un bebé, pero son cada vez menos responsables de tus resultados en la vida, a medida que creces y expandes tu libertad de elección. A la edad de 18 años, ya debes ser una persona capaz de tomar tus propias decisiones y aceptar las consecuencias de esas decisiones.

Sin importar lo que tus padres hayan hecho o no hasta que tengas 18 años, a partir de ese momento, estarás a cargo, al volante de tu propia vida, en el asiento del conductor. A partir de esa edad, tú eres completamente responsable de todo lo que te suceda. Esto puede parecer un poco duro. Mucha gente pensará de inmediato en todo tipo de situaciones desagradables por las cuales culpar a otros. Sin embargo, no es posible evadir tan fácil la autorresponsabilidad.

Aristóteles propuso por primera vez, 350 años antes de Cristo, la ley básica de la vida humana. Se llama la Ley de la Causalidad. Hoy, la conocemos como la Ley de Causa y Efecto y afirma que todo sucede o falla por una razón. Para cada efecto en tu vida, hay una causa. Esto significa que, si hay un efecto (resultado) particular que deseas obtener, puedes rastrearlo hasta sus causas y, duplicando esas causas, obtendrás el efecto deseado.

Esta es la regla: *si haces lo que hacen otras personas exitosas, nada te detendrá de obtener los mismos resultados que ellas obtienen. Pero si no haces lo que hacen otras personas exitosas, nada te ayudará a tener éxito.*

Si haces lo que hacen otras personas exitosas, nada te detendrá de obtener los mismos resultados que ellas obtienen. Pero si no haces lo que hacen otras personas exitosas, nada te ayudará a tener éxito.

Por ejemplo, todo el mundo quiere vivir una vida saludable y llena de energía. Cualquiera está en la capacidad de lograrlo, simplemente, averiguando las causas y duplicándolas. Tú puedes averiguar qué hacen otras personas sanas y energéticas con respecto a su dieta, su ejercicio y su descanso. Y, al hacer lo mismo, tú también obtendrás los mismos resultados. No es un milagro. Es una simple cuestión de ley.

La infelicidad es también un efecto. Si deseas ser feliz, lo primero que debes hacer es definir qué es aquello que te hará verdaderamente feliz. Piensa en los mejores momentos de tu vida y en lo que estabas haciendo, donde lo estabas haciendo y en las personas con las que lo estabas haciendo. Esas fueron las causas de tu felicidad y, si las duplicas, serás feliz una vez más.

Ahora, observa con detenimiento tu vida y pregúntate: "¿Cuáles son todas las cosas en mi vida que son inconsistentes con el estilo de vida que me haría feliz?". En otras palabras, observa las causas de los efectos que no te gustan. Luego, toma la decisión de eliminar esas causas, una por una, hasta que lo que te quede sea el tipo de vida que deseas vivir.

Margarita

Al principio de mi vida adulta, tenía muchos problemas financieros. Por lo general, me quedaba corta de dinero, yo le llamo tener "mucho mes al final de cada cheque". Era una persona con la enfermedad de la excusitis aguda y siempre encontraba a alguien o algo para echarle la culpa de mis desgracias. Menos mal, al fin llegó el día en que dije: "Un momento, nadie va a venir en caballo blanco a solucionarme mis problemas. Nada de esto que estoy afrontando es culpa de la economía, ni de situaciones que viví en mi niñez, ni del gobierno. Aquí, la única responsable soy yo". Y eso, mis amigos, es una excelente noticia, porque, si yo soy la causa del problema, yo también soy la solución, pues eso significa que yo estoy en control. Fue entonces cuando empecé a vivir bajo la frase que tanto menciona Brian: "Si va a suceder, ¡depende de mí!". Y decidí educarme y aprender a vender. ¡Wow! ¡Cómo cambió mi economía! Empecé a generar más dinero y a sentirme en control de mi situación. Fue una gran liberación dejar el papel de víctima y enfocarme en lo único que podía controlar: a mí misma.

**Si yo soy la causa del problema,
yo también soy la solución, pues eso significa
que yo estoy en control.**

Brian

Tus pensamientos son muy poderosos. Tanto, que tienen la capacidad de aumentar y disminuir tu presión arterial, tu pulso y tu frecuencia respiratoria, así como afectar tu digestión y tu sueño. Por lo tanto, si tus pensamientos son lo suficientemente fuertes, terminarán enfermándote o sanándote. Tus pensamientos generan imágenes en tu mente que a su vez generan sentimientos consistentes con esas imágenes. Si piensas o lees cosas felices y saludables, tendrás imágenes mentales felices y saludables, y experimentarás emociones felices y saludables. Como dice Deepak Chopra en su libro *Mente mágica, Cuerpo mágico,* cada parte de tu mente está conectada a cada parte de tu cuerpo en una compleja red de mensajes e impulsos que afectan todo lo que piensas y sientes.

El filósofo sufí, Izrat Kahn, señala que la elección de las palabras que usas y el tono de voz con el cual las pronuncias ejercen un impacto desmedido en la persona en la que te conviertes y también en las relaciones que tienes

Es por esto que una parte crucial de la autorresponsabilidad implica elegir todo aquello que digas, junto con la forma en que lo digas. No importa cómo te sientes inicialmente, si controlas tus palabras y la forma en que expresas tus sentimientos, también conseguirás controlar y dirigir tu estado emocional. Al hablar de manera lenta, deliberada y paciente, aunque estés enojado, molesto o irritado, estás retomando el control de tu mente y tus emociones, y volviendo a sentarte en el asiento del conductor.

Y como solo tú puedes dirigir tus pensamientos y estos controlan todo lo que dices y haces, tú eres el principal responsable de tus actos: tú decides qué leer y qué escuchar, con quién asociarte y qué decir en las conversaciones. Es decir, tú eres el responsable de todas las consecuencias de tus pensamientos y acciones.

Margarita

En el año 2000, tuve un ataque de pánico en un aeropuerto y después de ese evento empecé a sentir una ansiedad desbordada que me llevó a una depresión severa. Me costaba tragar y no era capaz de salir de mi casa. El punto de inflexión fue cuando mi esposo me enseñó a través de un libro que la persona con la que yo más hablo es conmigo misma. En ese momento, algo tan obvio fue para mí, y sigue siendo hoy, el mayor descubrimiento de mi vida: el diálogo interno. Nada, ni nadie puede pasearse por mi mente sin mi permiso. Yo culpaba mi ansiedad y depresión al exceso de trabajo, a algunas de mis relaciones personales, en fin… pero, en realidad, la causa de mi malestar era mi conversación conmigo misma, junto con el lenguaje que usaba. Tenía "Radio Miseria" sintonizada en mi mente todo el día y no me había dado cuenta. Una vez lo entendí, mi vida empezó a cambiar para bien, a pasos de gigante. Empecé a elegir mejor mi lenguaje. Dejé de decir "tengo que": tengo que trabajar, tengo que viajar y empecé a decir "tengo la oportunidad de": tengo la oportunidad de trabajar en algo que me apasiona ¿Cuánta gente quiere un trabajo y no lo tiene o trabaja en algo que no disfruta? Tomar absoluta responsabilidad de mis pensamientos, de la conversación que tenía conmigo misma, cambió mis sentimientos y mis acciones. Ya no era "víctima" por el hecho de trabajar mucho y me convertí en la dueña de mis pensamientos y mis decisiones. Aprendí a disfrutar y agradecer cosas que eran privilegios y que por decisión propia las veía como cargas, pero también aprendí a cuidarme y a decir no cuando quería decir no. En pocas palabras, pasé de víctima a estar en total control de mis pensamientos y mis emociones. "¡Ayyyy, Margarita! Pero es que usted no tiene los problemas que yo tengo", "Usted no conoce a mi suegro", en fin… Eso y mucho más es lo que me dicen algunos cuando me oyen hablar así. ¿Qué les digo? Es una elección. Conozco gente que afronta desafíos grandes y aun así vive en paz; sin embargo, también conozco personas que son como el tamal, que, a pesar de que todo está bien, para ellas, "está mal".

Brian

Quizá, la parte más importante de todo el tema de la autorresponsabilidad tiene que ver con tu felicidad y tu tranquilidad. Hay una relación directa entre ser autorresponsable y sentirte feliz, por un lado, y echar culpas, negar tu responsabilidad y sentirte infeliz, por otro lado. Todo esto va de la mano.

> Hay una relación directa entre ser
> autorresponsable y sentirte feliz, por un lado, y
> echar culpas, negar tu responsabilidad y sentirte
> infeliz, por otro lado. Todo esto va de la mano.

La clave de la felicidad es tener un *sentido de control* sobre lo que está sucediendo en tu vida. Cuanto más sientas que tienes el control, más feliz serás. La gente exitosa que ha llegado a la cima sufre menos de estrés y es mucho más feliz que las personas que se sienten víctimas y echan culpas. Esto se debe a que, quienes se sienten realizados, disfrutan del hecho de estar en control de su propio destino. Saben tomar decisiones y actuar basados en ellas. Están a cargo de la situación.

Existe una relación directa entre el nivel de responsabilidad que aceptas y el nivel de control que sientes que tienes en las diversas áreas de tu vida. Cuanto más asumes tu responsabilidad, más en control te sientes. También existe una relación directa entre el nivel de responsabilidad que aceptas y el nivel de libertad que experimentas. Entre más responsabilidad asumes, más libre eres, especialmente, en tu mente, para tomar decisiones y hacer todo aquello que quieres hacer. Por último, hay una relación directa entre el nivel de libertad que sientes que tienes y lo feliz que eres.

Cuando pones todo esto junto, te das cuenta que hay una relación directa entre responsabilidad, control, libertad y felicidad. Las personas más felices son aquellas que aceptan su responsabilidad, se sienten en control de su vida y experimentan un enorme sentido de libertad personal. En consecuencia, se sienten de maravilla consigo mismas. Este es el resultado natural de haber aceptado la responsabilidad total de cada parte de su vida.

En el extremo opuesto de la escala está el fenómeno de la irresponsabilidad. El hecho de no aceptar la responsabilidad por la vida de uno, ni por su trabajo. Cada persona está en algún lugar de la escala, ya sea ascendiendo hacia un nivel más alto de autorresponsabilidad o descendiendo hacia la irresponsabilidad con cada palabra que pronuncia y con cada decisión que toma. De hecho, una definición de locura es alcanzar el punto de total irresponsabilidad, a tal extremo que el paciente necesita una camisa de fuerza y una celda acolchada. El sicoanalista Thomas Szaze afirmó que "no hay tal cosa a la que pueda llamársele locura; solo hay diversos grados de irresponsabilidad".

Una persona irresponsable está sujeta a la ira, la hostilidad, el miedo, el resentimiento, la envidia, la duda y a todo tipo de emoción negativa. Aquí está implícito el descubrimiento más importante en esta área. Las emociones negativas de cualquier tipo son activadas y se mantienen por la tendencia a culpar. El 99% de nuestras emociones negativas existen, porque somos capaces de culpar a alguien o a algo más por causarlas. En el instante en que dejamos de culpar, nuestras emociones negativas desaparecen.

El 99% de nuestras emociones negativas existen, porque somos capaces de culpar a alguien o a algo más por causarlas. En el instante en que dejamos de culpar, nuestras emociones negativas desaparecen.

¿Cuál es el antídoto para dejar de culpar? Es sencillo. Tu mente alberga solo un pensamiento a la vez, ya sea positivo o negativo. Entonces, anularás la tendencia a culpar y a sentir rabia con solo decir firmemente: "¡Yo soy responsable!". No es posible aceptar tu responsabilidad y estar enojado al mismo tiempo. Es imposible aceptar tu responsabilidad y ser infeliz o estar molesto. La aceptación de la responsabilidad neutraliza las emociones negativas y pone en cortocircuito cualquier tendencia hacia la infelicidad.

Anularás la tendencia a culpar y a sentir rabia con solo decir firmemente: "¡Yo soy responsable!".

No puedes aceptar tu responsabilidad frente a una situación y continuar enojado o molesto por ello. El mero hecho de aceptarla calma tu mente y aclara tu razón; tranquiliza tus emociones y te permite pensar de manera más positiva y constructiva. A menudo, la aceptación de tu responsabilidad en una situación, te dará la claridad de lo que debes hacer para resolverla.

Practica este ejercicio: toma tu mayor problema o preocupación y afirma: "¡Yo soy responsable!". Luego, observa la situación y piensa cómo contribuiste a que sucediera. Busca formas de aceptar tu responsabilidad, incluso si eres inocente en gran medida. Haz este ejercicio en voz alta con alguien más. Te sorprenderás de cómo te sientes mejor y en mayor control, así como de lo rápido que te sentirás mejor.

Este es un segundo ejercicio: piensa en los problemas y las dificultades laborales, familiares y financieras más comunes que las personas afrontan en la vida. Aplica este simple remedio de la autorresponsabilidad a cada uno de estos problemas y observa qué sucede.

Las personas tienen problemas con otras personas, con sus relaciones personales cercanas, con su pareja, sus hijos, sus amigos, sus compañeros de trabajo y sus jefes. Alguien dijo una vez que casi todos nuestros problemas en la vida tienen *pelo encima*. Tienen dos piernas y te hablan. Identifica quiénes son aquellas personas en tu vida que te causan estrés o ansiedad y pregúntate: "¿Quién es responsable de esto? ¿Son responsables ellos o soy yo responsable de tenerlos en mi vida?".

Margarita

Muchas personas se me acercan con frecuencia o me escriben, pidiéndome consejos para cambiar a su pareja, a su jefe o a alguien cercano que ellas consideran negativo, tóxico, difícil, en fin... Son muchos los adjetivos que utilizan. Mi respuesta es siempre la misma: "No tengo yo el poder para cambiar a otras personas, ¿te imaginas que alguien tuviera ese poder? Ellos no son responsables de tu angustia o estrés. El responsable de eso eres tú mismo". Obviamente, esto no es lo que las personas esperan que yo les conteste y a veces se quedan como en shock por unos segundos. Luego, procedo a decirles: "Tienes dos opciones: te alejas de la relación que te hace daño o continúas cerca de esta persona y tomas la decisión de que ya no te afectará". Cómo dice Brian en el párrafo anterior: "¿Quién está permitiendo que esa persona esté en tu vida? ¿Quién está eligiendo que así sea?".

Cuando estaba empezando mi vida como emprendedora tendía a culpar a mi equipo o a mis colaboradores por los malos resultados de nuestro negocio. Alejandro mi esposo, y yo, teníamos unos negocios de lavar carros y contábamos con unos colaboradores que nos ayudaban. Cada vez que algo no salía bien, yo empezaba con mi "es-que zofrenia...". "Es que Ramón no hace las cosas bien". "Es que Juan es un irresponsable". "Es que Charlie no es detallista en su trabajo". En fin... y, así las cosas, nada cambiaba, ni mejoraba. Pero, ¿quién los contrató? ¡Yo! ¿Quién los entrenó? ¡Yo! ¿Quién los mantenía en su puesto de trabajo? ¡Yo! Entonces, ¿quién era responsable? ¡Yo, por supuesto! El líder siempre, siempre será el responsable de los resultados de su equipo.

Brian

Según la Ley de la Atracción, tú eres un *imán viviente*. Atraes a tu vida personas y circunstancias que están en armonía con tus pensamientos dominantes. Es decir, las personas en tu vida están ahí, porque las has atraído, debido a la persona que eres. Las has atraído hacia ti por los pensamientos que tienes y por las emociones que experimentas. Si no eres feliz con las personas que hacen parte de tu vida, tú eres responsable de ello. Eres tú quien las estás atrayendo y eres tú quien las mantienes ahí.

Atraes a tu vida personas y circunstancias que están en armonía con tus pensamientos dominantes.

Déjame darte un ejemplo. Mientras crecía, cuando se presentaba un problema en mi familia, uno de mis hermanos o yo éramos los culpables de la situación. Más tarde, supe que es muy normal que los padres culpen a sus hijos por casi todo. La mayoría de nosotros crecimos recibiendo culpas y nos gritaron durante tanto tiempo que es natural que ahora, cuando nos convertimos en padres, también culpemos y gritemos a nuestros hijos.

Tengo cuatro hermosos hijos. Durante mucho tiempo, cuando mis hijos se comportaban de una manera que yo consideraba inapropiada, los culpaba o los criticaba, tal como lo hicieron conmigo. Pero, cuanto más estudiaba acerca de la crianza de los hijos y sobre la sicología infantil, más descubría que los niños son casi 100% *reactivos*. Es decir, responden a lo que sucede a su alrededor y a sus relaciones con sus padres. Así que empecé a hacerme esta pregunta: "¿Qué hay en mí que hace que mi hijo actúe de esta manera?".

Tan pronto como le di la vuelta a la pregunta y me autoexaminé en busca de las razones del comportamiento de mis hijos, todo mi estilo de crianza cambió. Al aceptar la responsabilidad total por sus comportamientos, pude ver lo que yo estaba haciendo o dejando de hacer, así como las cosas a las que mis hijos estaban reaccionando. Tal vez, no estaba pasando suficiente tiempo con ellos. Tal vez, no los estaba escuchando cuando querían hablar. Quizá, fui demasiado rápido al cuestionar sus resultados escolares o en otras áreas. El hecho es que, desde ese momento en adelante, nunca volví a criticar, ni a culpar a mis hijos. Esto transformó nuestra relación.

Así las cosas, empecé a aplicar este simple principio en todas las demás áreas de mi vida. Siempre que tenía un problema, me preguntaba: "¿Qué hay en mí que está causando esta situación?". Y casi siempre encontraba algo en mí que yo mismo podía cambiar para resolver el problema o mejorar la situación.

La Ley de la Correspondencia afirma que todo lo que te está sucediendo en lo exterior se debe a algo que está sucediendo en tu interior. Por lo tanto, el primer lugar para indagar es dentro de ti mismo. Tan pronto como haces esto, empiezas a evidenciar cosas que habías obviado completamente, porque estabas ocupado, culpando a otros y poniendo excusas. Entonces, empiezas a ver que eres responsable en gran medida de lo que te está sucediendo.

Si estás en una mala relación, ¿quién te llevó allí? Como no fuiste involucrado en la relación a punta de pistola, entonces, fue y es en gran medida una cuestión de libre albedrío y de libre elección de tu parte. Si no eres feliz, depende de ti hacer algo al respecto. Como Henry Ford II dijo una vez: "Nunca te quejes, nunca expliques". Si no estás contento con la situación, haz algo al respecto. Si no estás dispuesto a hacer algo al respecto, entonces, no te quejes.

Cuenta una historia que un mediodía, un trabajador de la construcción abrió su lonchera para tomar su almuerzo y descubrió que era un sándwich de sardinas. Se enojó mucho y se quejó en voz alta ante todos los que lo rodeaban por lo mucho que odiaba las sardinas. Al día siguiente, sucedió lo mismo: ¡un sándwich de sardinas en su lonchera! Nuevamente, el trabajador comenzó a gritar y a quejarse de cuánto odiaba las sardinas como almuerzo. El tercer día, volvió a pasar lo mismo. Para ese entonces, sus compañeros de trabajo ya se estaban cansando de sus fuertes quejas, así que uno de ellos se le acercó y le dijo: "Si odias tanto las sardinas, ¿por qué no le dices a tu esposa que te prepare otro tipo de sándwich?".

El obrero se dirigió hacia su compañero y le respondió: "Porque yo no estoy casado. ¡Yo mismo preparo mis almuerzos!".

Muchos de nosotros estamos en la misma situación que este trabajador. Con frecuencia, nos quejamos de situaciones que nosotros mismos hemos generado. ¿Es esto cierto en tu vida? Examina tus relaciones y tu vida con toda honestidad y piensa en dónde podrías estar haciendo tus propios "sándwiches de sardinas".

¿Estás contento con tu trabajo? ¿Estás contento con la cantidad de dinero que estás ganando? ¿Estás contento con lo que haces todo el día? Si no lo estás, debes aceptar que tú eres el único responsable del trabajo que tienes y de la carrera que tienes. ¿Por qué? Porque tú mismo los elegiste y esas fueron elecciones que hiciste con total libertad. Tú aceptaste el trabajo, las responsabilidades que este implica y el salario que te ofrecieron. De modo que, si no estás satisfecho, por cualquiera que sea el motivo, depende de ti hacer el cambio y dedicarte a algo diferente.

Tú estás ganando hoy exactamente lo que vales, ni un centavo más, ni un centavo menos. En la vida, tendemos a obtener exactamente lo que merecemos. Si no estás satisfecho con la cantidad de dinero que estás ganando, mira a tu alrededor, a otras personas que tienen el trabajo que te gustaría y que están ganando la cantidad de dinero que quisieras ganar. Averigua, ¿qué es lo que ellas están haciendo diferente a ti? ¿Cuáles son las causas de los efectos que están recibiendo? ¿Qué saben hacer ellos que tú no sabes hacer? Una vez que sepas cuáles son esas causas, acepta la responsabilidad total de tu situación, programa algunas metas nuevas y ponte a trabajar en ellas. Aplica tu mente y tus habilidades maravillosas, respáldalas con fuerza de voluntad y autodisciplina y luego realiza los cambios que necesitas hacer para disfrutar de la vida que deseas tener.

El gran objetivo de la vida es que desarrolles el carácter. El carácter está compuesto por autoestima, autodisciplina, la capacidad de demorar la gratificación y la voluntad de aceptar la plena responsabilidad de tu vida, junto con todo lo que hay en ella. Cuanto más te digas a ti mismo: "Yo soy responsable", más fuerte y mejor persona serás, y cada parte de tu vida mejorará.

Tú eres el presidente de tu propia corporación de servicios personales. Eres el director ejecutivo de tu propia vida. Eres 100% responsable de este negocio que es tu vida y de todo lo que te sucede.

Tú determinas tu propio salario. Todo lo que eres o serás depende por completo de ti. Tú escribes tu propio cheque de pago y determinas tu salario. Si no estás satisfecho con el dinero que estás ganando, puedes ir al espejo más cercano y negociar con tu jefe.

> **Tú escribes tu propio cheque de pago y determinas tu salario. Si no estás satisfecho con el dinero que estás ganando, puedes ir al espejo más cercano y negociar con tu jefe.**

Todos estamos donde estamos y somos lo que somos, porque es lo que hemos decidido ser. Si no estamos contentos con alguna área de nuestra vida, depende de nosotros hacer los cambios necesarios para lograr algo mejor.

Los hombres y mujeres que sobrevivirán y prosperarán en los próximos años son aquellos que buscan continuamente ideas que puedan utilizar para ser más rápidos, más flexibles y más efectivos en su trabajo diario.

Margarita

En conclusión, el peor error que cometemos los seres humanos es pensar que nuestros problemas están fuera de nosotros y que las soluciones también están allá afuera. En consecuencia, como lo que está afuera no lo podemos controlar, eso nos pone en la posición de víctimas. Aceptar total responsabilidad de que los problemas en tu vida están dentro de ti, y que las soluciones también lo están, te dará un sentido de control que nunca habías experimentado. Ya no tendrás miedo, ni esperarás cruzando los dedos a que te llegue la buena fortuna, la buena salud o la felicidad. ¡Nooo, ahora te sentarás en el asiento del piloto y empezarás a hacerte las preguntas correctas y a tomar las acciones necesarias para cambiar tu situación!

> **Aceptar total responsabilidad de que los problemas en tu vida están dentro de ti, y que las soluciones también lo están, te dará un sentido de control que nunca habías experimentado. Ya no tendrás miedo, ni esperarás cruzando los dedos a que te llegue la buena fortuna, la buena salud o la felicidad.**

En sicología cognitiva, a esto se le llama locus de control o lugar de control. Las personas exitosas tienen el lugar de mando o de control en su interior, un locus interno. Por eso, son más felices y exitosas que las que tienen locus externo o mando externo, pues estas se dejan angustiar y casi manejar por situaciones externas y fuera de su control.

¿Qué está fuera de tu control? Otras personas, la economía, la política, las noticias, el clima, tus competidores, en fin... todo lo que está allá afuera.

¿Qué está bajo tu control? Tus pensamientos, acciones y decisiones, la interpretación que les das a los eventos o la historia que te cuentas a ti mismo sobre cada suceso. Enfócate ahí, acepta tu responsabilidad y trabaja en lo que puedes controlar. Aunque al principio suele ser difícil, pues echar culpas resulta muy cómodo, una vez que lo conviertes en un hábito, tu autorresponsabilidad te dará una sensación de control maravillosa y te llevará rumbo a la madurez, la felicidad y el éxito.

EJERCICIO

Contesta las siguientes preguntas:

- Escribe un desafío que te está causando estrés o que quisieras cambiar.

- ¿Cómo eres tú responsable de que esto esté sucediendo en tu vida?

- ¿Qué puedes controlar o cambiar para mejorar la situación?

- ¿Qué necesitas empezar a hacer diferente para solucionarlo?

- ¿Qué necesitas dejar de hacer para solucionarlo?

- ¿Qué habilidad, si la aprendes muy bien, podría ayudarte a solucionarlo?

- ¿Hay alguna oportunidad dentro de este desafío que no estás viendo?

- ¿Cómo esto te hace más fuerte? ¿Qué lección te da?

- ¿Qué más puedes hacer al respecto?

CAPÍTULO 2

Obtén absoluta claridad

"Si no tienes metas claras, no hagas nada. Ya llegaste".

Margarita Pasos

Brian

Tu capacidad de establecer metas y hacer planes con el fin de lograrlas es la habilidad maestra para alcanzar el éxito. Por lo tanto, desarrollarla y convertirla en un hábito hará más por ti en lo referente al cumplimiento de todo lo que te propongas alcanzar que cualquier otra habilidad que implementes en tu vida.

Al igual que con cualquier otro aprendizaje, solamente dominarás el proceso de establecer metas, implementándolo y aplicándolo una y otra vez hasta que se vuelva automático en tu diario vivir, como inhalar y exhalar. Tu objetivo debe ser convertirte en un fijador continuo de metas. Debes estar tan claro y enfocado en lo que quieres lograr que termines haciendo todo lo que te mueva hacia tus metas cada minuto de cada día.

No hace mucho, fueron entrevistados algunos de los hombres y las mujeres más exitosos de los Estados Unidos con el propósito de averiguar qué cualidades específicas tienen ellos que les permitieron elevarse a nivel financiero por encima del 99% de las personas que hacen parte de nuestra sociedad. Una de las cualidades que identificaron fue la "inteligencia". Pero, cuando se les preguntó qué definición tenían acerca de lo que es la inteligencia, la mayoría de los encuestados estuvo de acuerdo en que la inteligencia es más una "forma de actuar" que un coeficiente intelectual o que las calificaciones que se obtienen en la escuela.

Fue así como llegaron a la conclusión de que la gente exitosa actúa de manera inteligente. En cambio, quienes no tienen éxito actúan de manera no inteligente. Es por eso que muchos egresados de las mejores universidades con altos niveles de coeficiente intelectual se involucran en comportamientos poco inteligentes, y que muchas personas con orígenes y recursos limitados dan muestra de tener comportamientos muy inteligentes.

Entonces, la pregunta es: "¿Qué es, por definición, un comportamiento inteligente?".

La respuesta es simple. Un comportamiento inteligente es todo lo que haces que te mueve en dirección de lo que deseas lograr. En cambio, un comportamiento poco inteligente o "tonto" es todo aquel que hace que te *alejes* de lo que deseas lograr.

Por ejemplo, si decides que una de tus metas es tener una excelente salud y un magnífico estado físico, todo lo que hagas para alcanzar ese objetivo es inteligente. Del mismo modo, todo lo que hagas o dejes de hacer, que disminuya tu salud y tu estado físico, es un acto tonto.

Si tu objetivo es disfrutar de ingresos muy altos y ser independiente en el área económica, todo lo que hagas que te permita aumentar tu valor financiero personal y acumular reservas de esta índole es inteligente. Y cada vez que hagas algo que te aleje de tu independencia financiera o incluso cuando hagas algo que no te mueva *hacia* lograr tu independencia financiera, estarás comportándote de manera no inteligente y sin tener en cuenta lo que en realidad quieres alcanzar.

Existe un descubrimiento maravilloso y es el hecho de que tu inteligencia es *maleable* en alrededor de unos 25 puntos de coeficiente intelectual (CI). Esto significa que puedes aumentar tu CI al usar mejor tu mente. Es decir, tú puedes volverte más inteligente trabajando en tus músculos mentales, así como puedes hacerte más fuerte físicamente trabajando en tus músculos físicos. Y si tienes metas claras y específicas, y trabajas en ellas todos los días, terminarás actuando cada vez con más inteligencia.

Quizás, uno de los descubrimientos más importantes de los últimos 100 años es que los seres humanos tenemos un mecanismo automático, cibernético y de consecución de objetivos incorporado en el cerebro. Nosotros somos las únicas criaturas en la tierra que contamos con esta capacidad tan particular y que, gracias a ella, logramos automáticamente las metas que hayamos establecido, sean estas cuales sean.

Este "mecanismo de éxito" funciona día y noche, a nivel consciente e inconsciente. Nos impulsa y nos motiva a lograr nuestras metas. Es casi como un interruptor de luz. Una vez que lo enciendes, permanece encendido hasta que procedas a apagarlo.

El gran problema con la mayoría de las personas es que su mecanismo automático de establecimiento de metas no está activado. O, si lo está, es con el fin de alcanzar metas de importancia y valores limitados. Cuando algunas personas entran al trabajo por la mañana, su meta principal es decidir qué van a hacer a la hora del almuerzo. Por la tarde, su meta principal es decidir qué serie de televisión verán esa noche. Para el fin de semana, su meta principal es cómo se divertirán y pasarán el tiempo. Cuando navegan en internet, su meta principal es buscar resultados deportivos o temas de farándula. Cuando van de compras, su meta es gastar todo el efectivo que tienen o topar de compras su tarjeta de crédito. Están más preocupados por *aliviar la tensión* que están experimentando que por *lograr sus metas.*

Uno de los principios de éxito más importantes es: "¡Todo cuenta!".

Todo lo que haces suma o resta. Te ayuda o te perjudica. Toda acción o inacción te mueve hacia tus metas o te aleja de ellas. Nada es neutral. Todo cuenta.

O ganas el juego de la vida por diseño deliberado y por acciones intencionales de tu parte o lo pierdes por defecto al no jugar bien el juego. En otras palabras, pierdes el juego de la vida si no enciendes tu mecanismo de éxito y lo mantienes encendido hasta que logres las metas que te fijaste.

Cada persona también tiene un "mecanismo de fracaso" incorporado en su mente subconsciente. Este mecanismo se activa cuando las personas buscan la manera más rápida y fácil de obtener las cosas que quieren. La mayoría de la gente sigue el camino de menor resistencia. Prefieren hacer lo que es divertido y fácil a corto plazo en lugar de lo que es difícil y necesario para lograr sus metas.

Cada mañana, cuando te levantas, te enfrentas a una elección: ¿hacer lo que es divertido y fácil o enfocarte en hacer lo que es difícil y necesario? ¿Te levantas y te preparas para el día o te levantas a ver las redes sociales?

Margarita

Es probable que en el mundo no haya un mayor experto en manejo del tiempo que Brian Tracy. Uno de los principios que aprendí de él y que más impacto causó en mis resultados fue entender que la palabra clave, la principal, la más importante en productividad y manejo del tiempo es *consecuencias*. Así es, todo lo que yo hago o dejo de hacer en el día tiene consecuencias, para bien o para mal, para acercarme a mis metas o para alejarme de ellas.

> **La palabra clave, la principal, la más importante en productividad y manejo del tiempo es *consecuencias*.**

Ahora, la consecuencia es con respecto a las metas. Una actividad es de alto valor cuando tiene una gran consecuencia para acercarme a mis metas. Por el contrario, una actividad es de bajo valor si me aleja o no aporta mucho para que yo logre lo que quiero lograr. ¿Qué quiero decir con esto? Que, si no sé cuál es mi meta, tampoco sabré cuáles son las actividades de alto valor que debo realizar a diario.

Permíteme explicarte esto con un ejemplo. Si yo te preguntara si ver videos de moda y de tendencias es una actividad de alto valor o de bajo valor, ¿qué me responderías? Lo más probable es que me dirías: "Depende". ¿Depende de qué? De las metas de la persona que lo está haciendo. Si su meta es ser una diseñadora de modas de talla internacional, pues ver estos videos se convierten en una actividad de alto valor. Pero si la persona no tiene nada que ver con el mundo de la moda, sentarse a verlos será una pérdida de tiempo. En otras palabras, será una actividad de muy bajo valor.

Habiendo aprendido esto de Brian, todo el tiempo trabajo en aquello que tiene grandes consecuencias para mí, puesto que me acerca cada vez más al futuro que quiero construir y a lograr mis metas.

Como dice él, nada de lo que hagas es neutral. Si no te ayuda, te perjudica. Perder una hora diaria viendo cosas irrelevantes para ti en las redes sociales no es un hecho neutral. Es perjudicial. Te aleja de tus metas, te roba tus sueños. Por Ley de Acumulación, una hora diaria al día son 365 horas al año. Si trabajas 8 horas al día, 365 horas al año desperdiciadas equivalen a 45 días laborales de 8 horas, ¿puedes creerlo? Un mes y medio laboral desperdiciado. ¿Qué les pasaría a tus resultados si invirtieras esa hora diaria leyendo y estudiando acerca de tu campo de acción? Más adelante, hablaremos de este tema. Por ahora, te recomiendo que, si es necesario, cada hora del día te preguntes: "¿Esto que estoy haciendo me llevará a lograr mis metas? ¿Tiene altas consecuencias para lo que quiero lograr?". Si la respuesta es no, deja de hacerlo de inmediato y ponte a trabajar en una actividad de alto valor, en una que sí genere una alta consecuencia en el logro de tus metas.

> Te recomiendo que, si es necesario, cada hora del día te preguntes: "¿Esto que estoy haciendo me llevará a lograr mis metas? ¿Tiene altas consecuencias para lo que quiero lograr?". Si la respuesta es no, deja de hacerlo de inmediato y ponte a trabajar en una actividad de alto valor.

Brian

Siguiendo con el tema de las consecuencias, te doy otro ejemplo: si te sientas a tomar café, a ver las redes sociales y series de entretenimiento, estos comportamientos no tendrán consecuencias positivas en tu salud, ni en tu felicidad, ni en tu prosperidad. Solamente recibirás consecuencias negativas. Puedes hacer estas cosas durante horas. A lo mejor, te conviertes en uno de los mayores expertos en series de video, en chismes de farándula y en tomar café en la historia de la nación estadounidense y, sin embargo, todo esto tendrá un efecto absolutamente nulo en tu futuro. Por lo tanto, por definición, estos son comportamientos sin importancia y de bajo valor, porque no recibes consecuencias útiles de ellos.

Por otro lado, levantarte y leer 30-60 minutos cada mañana, hacer ejercicio tres o cuatro días a la semana y concentrarte siempre en el uso más valioso de tu tiempo tendrán consecuencias significativas en tu futuro. Hacer un hábito de estos 3 comportamientos te garantizará que logres mucho más en la vida que la persona promedio. Cada mañana, cuando suena el despertador, tú tienes la oportunidad de elegir una vez más cuál de estas dos direcciones vas a tomar. Y todo cuenta.

> **Levantarte y leer 30-60 minutos cada mañana, hacer ejercicio tres o cuatro días a la semana y concentrarte siempre en el uso más valioso de tu tiempo tendrán consecuencias significativas en tu futuro. Hacer un hábito de estos 3 comportamientos te garantizará que logres mucho más en la vida que la persona promedio.**

Margarita

Este plan que nos presenta Brian en hiper, mega efectivo. No te dejes engañar por su sencillez. Yo lo comprobé y lo sigo comprobando en mi vida y te hará avanzar a pasos de gigante:

1. Leer 30-60 minutos diarios. Me refiero a lectura de no ficción que te acerca a tus metas, que te vuelve un experto en tu área, no a novelas o a ciencia ficción. Yo no me permito

ir a dormir sin haber leído mínimo 25 minutos sobre temas referentes a mi campo de acción y esto me ha llevado a la cima de mi industria en pocos años.

2. Hacer ejercicio 3 o 4 veces a la semana, pues la clave #1 del éxito son la vitalidad y la energía física. Podrás ser el mejor en tu campo, pero, si estás cansado o enfermo, es muy difícil que triunfes. Yo no soy una deportista de alto rendimiento, pero disfruto mucho caminar. Así que encuentra algo que te guste y muévete. El movimiento es vida.

3. Concentrarte siempre en el uso más valioso de tu tiempo. Cada hora, si es posible, pregúntate: "¿Esto que estoy haciendo es mi actividad de mayor valor? ¿La que tiene la mayor consecuencia para lograr mis metas?".

Sí, este es un plan tanto sencillo como poderoso, al punto que yo meto la mano en el fuego asegurándote que, si haces esto diariamente por un año, lograrás mucho, pero mucho más que la persona promedio.

Y en cuanto a levantarte o seguir durmiendo, hay una frase que siempre me ayuda: "¡Margarita, tú decides! Te vuelves a acostar para seguir soñando o te levantas ya, para cumplir tus sueños".

Brian

Hay una cualidad que, a lo largo de los siglos, siempre ha sido el determinante fundamental del éxito o del fracaso, de la felicidad o la infelicidad, del ser respetado o no en la vida. Y esa es la cualidad de la "autodisciplina". Las personas más exitosas y felices siempre han sido más disciplinadas que las menos exitosas y las menos felices.

Elbert Hubbard afirmó: "La autodisciplina es la capacidad que tienes de avanzar hacia lo que debes hacer, cuando debes hacerlo, te guste o no".

Es fácil hacer algo cuando te apetece, cuando es divertido, fácil o conveniente. Pero es cuando es arduo y difícil, y estás luchando contra tu deseo de irte por el camino de menor resistencia, que se requiere de disciplina. Lo maravilloso es que, cuanta más disciplina ejerces sobre ti mismo, más te gustas y te respetas. Te conviertes en una persona mejor y más fuerte. Cuanta más disciplina practicas, más haces y mejor te sientes.

La autodisciplina compensa no solo en resultados, sino también en términos de una actitud positiva y en niveles más altos de autoestima y dignidad.

Tal vez, no haya un área de la vida donde la autodisciplina sea más importante que en la de establecer metas y trabajar para lograrlas todos los días.

Hace unos años, en un estudio realizado en Nueva York, por la Dra. Karen Horney, a los participantes se les enseñó cómo establecer metas y escribirlas, y se les dio seguimiento a sus resultados durante los meses y años posteriores. ¡Lo que descubrieron fue maravilloso! Las personas en el estudio terminaron logrando el 95% de las metas que se fijaron en el programa. ¿Te imaginas? Una tasa de éxito del 95% para los que establecen y escriben sus metas! Esto es absolutamente sorprendente, aunque también es coherente con todo lo que sabemos sobre el tema.

El estudio concluyó *científicamente* lo que hemos sabido a lo largo de los siglos. Los seres humanos alcanzamos metas de forma automática y sencilla, siempre y cuando trabajemos en ellas. Una vez que tengas absolutamente claro qué es lo que quieres, y hagas con disciplina todo lo que te mueva hacia tus metas, tu éxito final está garantizado.

Los seres humanos alcanzamos metas de forma automática y sencilla, siempre y cuando trabajemos en ellas.

La pregunta aquí es: si tanto el establecimiento de metas como el logro de ellas son automáticos y están integrados en nuestro sistema, ¿por qué hay tan pocas personas que tienen metas claras? Las estadísticas que muestran estudio tras estudio indican que solo alrededor del 3% de los adultos tiene metas claras, escritas y específicas, acompañadas de un plan en el que trabaja todos los días. Al final de sus carreras, ese mismo 3% de personas con metas escritas gana más dinero que el otro 97% ¡combinado!

Margarita

Brian nos habló de la autodisciplina y aclaró que la manera más importante de ponerla en práctica es trazándonos metas.

Autodisciplina es hacer lo que sabes que necesitas hacer cuando no tienes ganas de hacerlo. Es muy fácil comer ensalada el día que tienes ganas de hacerlo, de modo que lo que te hace un campeón es hacerlo el día que no tienes ganas. Te mueres por un dulce, pero decides comer la ensalada, porque sabes que es lo que te acerca a tu meta.

Autodisciplina es hacer lo que sabes que necesitas hacer cuando no tienes ganas de hacerlo. Es muy fácil comer ensalada el día que tienes ganas de hacerlo, de modo que lo que te hace un campeón es hacerlo el día que no tienes ganas.

En una ocasión, entrevisté al Chocolate González, el boxeador nicaragüense con 3 títulos mundiales. Nuestras cámaras siguieron su rutina diaria, que empezaba a eso de las 4:00 am. Cuando estábamos en el estudio, le pregunté cuántos días a la semana hacía esto y me respondió: "Todos los días". Luego, le pregunté: "¿Y no hay días que te da pereza?" (Aclaro que su rutina era exhaustiva). Su respuesta me encantó: "Claro que hay días en que me da pereza, pero aun así me levanto. Te aseguro que, si no me levantara, no sería el campeón".

¿Has visto alguna vez una entrevista de Cristiano Ronaldo, aquel niño portugués de escasos recursos que se convirtió en la mayor leyenda del futbol? El personal del Real Madrid lo llama el "reloj suizo", debido a su precisión y disciplina con su alimentación y sus entrenamientos. Para Ronaldo no hay excepciones, pues aún el día en que todos celebran un triunfo, él está entrenando. Llueva, truene o relampaguee, sea un día de triunfo o no, Ronaldo hace 200 lagartijas, abdominales y tres a cuatro horas de entrenamiento físico. Ha sido reconocido cinco veces por la FIFA como el jugador del año y es el primer atleta activo en sobrepasar los $1.000 millones de dólares en ganancias. ¿Hay gente con más talento natural que Ronaldo? ¡Seguramente! ¿Más disciplinados que él? ¡Difícilmente! Recuerda: lo que te hace campeón o campeona es hacer lo que debes hacer para lograr tus metas, tanto el día que tienes ganas de hacerlo como el día que no tienes ganas de hacerlo, sin excepciones.

Yo no hago excepciones con mi estudio y mi lectura. Si mi trabajo es ayudarles a otros a vivir una vida mejor, no puedo pasar un día sin estudiar, aprender y aplicar todo aquello que nos permite a los seres humanos disfrutar de una vida mejor.

Hay personas que toman decisiones en línea recta y tienen éxito. Otras toman decisiones en zigzag y sus resultados son muy pobres.

¿Qué significa esto? Supongamos que alguien tiene como meta bajar 20 libras de peso y decide dejar el azúcar y las harinas blancas. Tomar decisiones en línea recta es que esta persona no comerá ninguno de estos alimentos ni una sola vez hasta que logre su meta. Esa es una línea recta. Pero ¿qué hace la mayoría de la gente? Toma decisiones en zigzag. "Hoy, empiezo mi dieta. ¡Ah, pero mañana es mi cumpleaños y me voy a comer un pastel y vuelvo y empiezo!". Sin embargo, ese sábado hubo una fiesta de la oficina y pues… "Es sábado, así que el lunes vuelvo a empezar". Esas son las decisiones en zigzag, ¿me entiendes? Y esto solo conlleva a resultados *pobres*.

Brian

Regresemos al tema de las metas. Hay siete claves para establecerlas. Cuando encuentras a una persona que no está logrando sus metas, es debido a una deficiencia en una de estas áreas clave.

1. Las metas deben ser específicas y estar escritas. Una meta no puede ser vaga o general, como por ejemplo, ser feliz. Por el contrario, debe ser específica, concreta, tangible y fácil de visualizar e imaginar.

2. Las metas deben ser reales y medibles. Debo poder saber exactamente que ya la logré al tener una forma de medirla. "Ganar mucho dinero" no es una meta. Es un deseo, una fantasía bastante común que muchos tienen. Ganar una cantidad específica de dinero en un período determinado sí es una meta *real y medible*. En lugar de decir: "Quiero mucho dinero", una meta real y medible sería que dijeras: "Gano $20 mil dólares".

3. Las metas deben estar delimitadas en el tiempo, con fechas específicas tanto primarias como secundarias. De hecho, no hay metas irreales; solo hay plazos poco realistas. Si no alcanzas tu meta para la fecha límite que te propusiste, establece otra fecha límite y, si es necesario, otra, pero trabaja en ella hasta que al fin tengas éxito. Una meta delimitada en el tiempo sería: "Para diciembre 18 de este año, gano $20 mil dólares".

Margarita

Recuerdo cuando empecé a adquirir el hábito de escribir metas y revisarlas a diario. Había aprendido que, si una meta era muy fácil o la veía totalmente posible de alcanzar, estaba pensando en pequeño. Cada meta debía sacarme de mi zona cómoda, pero sin caer en lo absurdo. Así que me atreví a escribir: "Para el final de este año, gano en un mes lo que ahora gano en todo el año". Mi primer instinto fue tacharla. La "loca de la casa" (la vocecita negativa dentro de nosotros) me quiso decir: "¡Estás loca!", "¡Imposible!", "¡Ni se te ocurra decirle a alguien que escribiste esto!", "¡Te chiflaste, Margarita!". Pero recordé las enseñanzas de Brian y sabía que no tenía que saber exactamente cómo lo iba a lograr; lo único que necesitaba saber era cuál era el primer paso que daría y cuáles actividades diarias tomaría que tendrían tan altas consecuencias que me llevarían a lograrla. Pues, llegó diciembre y no lo logré. Pero no cambié la meta, sino la fecha y seguí trabajando en esa dirección. Pasaron 18 meses después de haber escrito esto en un cuaderno de espiral y ya estaba ganando un poco más de lo que ganaba en un año, ¡en tan solo un mes! Ese día, entendí por qué Brian y los más grandes expertos de la sicología del éxito en la historia de la humanidad insisten tanto en el poder de tener metas claras.

Brian

4. Tal como te acaba de explicar Margarita, tus metas deben ser *desafiantes*. Deben hacerte estirar un poco. Deben ser más grandes que cualquier cosa que hayas logrado en el pasado. Tus metas deben tener un 50% de probabilidad de éxito. El problema no es apuntar alto y fallar, sino apuntar bajo y dar en el blanco. Aún si Margarita no hubiera logrado ganar en un mes lo que ganaba en un año, el solo hecho de apuntar a esa meta hubiera aumentado sus ingresos en

mucho. Así que apunta alto, trázate metas que te saquen de tu zona de comodidad.

5. Tus metas deben ser congruentes con tus valores y deben estar en armonía entre sí. No puedes tener metas que sean mutuamente contradictorias. He conocido personas que quieren tener éxito en los negocios, pero a la vez quieren jugar golf todas las tardes. Es apenas obvio que no es posible alcanzar estos dos objetivos de forma simultánea.

6. Tus metas deben ser balanceadas entre tu profesión o tu negocio, tu vida financiera, tu familia, tu salud, tu vida espiritual y tu participación en la comunidad. Del mismo modo que una rueda debe estar equilibrada para girar sin problemas, tu vida debe estar equilibrada con los objetivos en cada área para que puedas ser feliz y disfrutar de una vida plena.

Margarita

Este tema del balance fue un gran desafío en mi vida, porque llegué a creer que todo el tiempo debía estar perfectamente balanceada en todas las áreas. Sin embargo, balancear también puede ser compensar. Es decir, si estuve cinco días muy aislada de mi familia, porque estaba desarrollando un proyecto grande, puedo compensar mi ausencia yéndome dos días de playa con ellos. Por supuesto que, como nos enseña Brian, debemos tener metas profesionales, personales, financieras, espirituales, de familia, de salud. Toda área importante en tu vida debe estar en tu cuaderno de metas, pero sin malentender que todos los días o semanas del año vas a dedicarle igual cantidad de tiempo y esfuerzo a cada área. Mi esposo Alejandro y yo siempre planeamos dos viajes en familia al año, uno muy especial para Navidad y Año Nuevo. Y exceptuando 2020 y 2021 por el Covid, no hemos fallado un solo año. Nuestros hijos tienen innumerables historias de los lugares que hemos visitado y de las experiencias que hemos vivido. Cada año, planeamos con entusiasmo estos espacios. Además, los domingos los dedicamos en un 80% a la familia, al igual que encontramos espacios en el día con este mismo propósito de compartir un rato juntos. Pero no siempre se puede, así que más adelante buscamos cómo compensar de tal modo que nuestras metas como familia sean siempre prioritarias. Por eso es esencial que planees con tiempo y te asegures de que cada área importante en tu vida tenga sus metas. Así, entre balancear y algunas veces compensar, no dejarás por fuera nada que sea de alto valor para ti.

Brian

7. Debes tener una súper meta. Es decir, una meta cuyo logro contribuya en gran medida a ayudarte a mejorar tu vida, más que cualquier otra meta que tengas.

Tu vida empieza a ser grande cuando concentras todas tus energías en lograr tu súper meta. Sorprendentemente, te encontrarás logrando muchas de tus otras metas más pequeñas a medida que avanzas hacia esta meta principal.

Además de estas siete claves, también es importante tener una metodología para escribir y lograr las metas que te propongas a lo largo de tu vida.

Pasos para establecer y lograr tus metas

Brian

Ahora, te enseñaremos la mejor metodología para trazarte metas. Son 12 pasos que les he enseñado a más de un millón de personas. Es como una receta de cocina con 12 ingredientes. Dependiendo de tu situación y de tus necesidades particulares, puedes variar estos ingredientes según el tipo de metas en las que vas a trabajar y el tipo de vida que deseas construir. Las personas exitosas y felices usan estos principios todo el tiempo, ya sea que estén conscientes de ellos o no. Cada vez que veas que alguien está obteniendo bajo rendimiento en su vida, es porque uno o varios de estos ingredientes escasean o faltan por completo.

Paso #1: Un deseo intenso por lograr tu meta. Este deseo debe ser personal. Tiene que tratarse de algo que quieras para ti. No puedes establecer y lograr metas para otra persona, ni puedes lograr una meta que otra persona quiera para ti.

La gran pregunta que debes hacerte y responder es: *¿Qué es lo que realmente quiero para mi vida?* ¿Qué es lo que realmente quieres para ti, en el fondo de tu corazón? ¿Qué es lo que más te emocionaría lograr? Si solo pudieras lograr una meta y tuvieras la garantía absoluta de éxito en esa única meta, ¿cuál sería esa meta? La intensidad de tu deseo determinará la energía y determinación que pongas detrás de cualquier meta que establezcas para ti. ¿Qué es lo que realmente quieres y qué tanto lo quieres?

Paso #2: Creer que puedes. Debes creer totalmente, en lo más profundo de tu corazón, que mereces llegar a esa meta y que tú eres capaz de alcanzarla. La convicción es el catalizador que activa todos tus poderes mentales y físicos. Espiritualmente, nos referimos a la convicción como *fe*.

Todos los grandes logros, en todos los campos, son hechos por hombres y mujeres de tremenda fe y convicción. Ellos creen intensamente en su capacidad para lograr las metas que se han propuesto.

Margarita

Hay una frase de Henry Ford que me encanta: "Sea que creas que puedes o que creas que no puedes, tienes razón". La mente es una máquina maravillosa que no ha podido ser replicada ni siquiera por la tecnología más avanzada. Es capaz de curarnos o enfermarnos, de apoyarnos o sabotearnos. La mente subconsciente tiene dentro de sí el subconsciente creativo. Su trabajo es mantenernos cuerdos, coherentes. Sería muy extraño oír a una persona decir todo el día que le encanta la música, que vive por la música y que se enojara cada vez que oyera música. Sería incoherente y lo más probable es que necesitaría ayuda psiquiátrica. Entonces, el subconsciente creativo trabaja día y noche para mantenernos coherentes con nuestras creencias.

Permíteme darte un ejemplo: supongamos que hay una chica que se llama Vicky Hernández y, desde que tiene memoria, ella siente pánico a hablar en público. Cada vez que su jefe le pide que haga una presentación, Vicky se pone mal del estómago, no duerme y, a la hora de hablar, empieza a sudar, tiene palpitaciones y se le seca la garganta. Sin embargo, cuando Vicky nació no le dijeron a su mamá: "Señora, ha tenido usted una linda niña, muy sana, pero nació con un problema: no trajo la capacidad de hablar en público". Eso sería absurdo, pues nadie que haya nacido sano viene a este mundo con o sin esa capacidad, ya que este es un tema de programación y no de fisiología. Es un tema de convicción.

A lo mejor, cuando Vicky era pequeña tuvo una experiencia con un maestro o en una clase donde se sintió mal hablando en público y, aunque a lo mejor ella no lo recuerda, la convicción de que ella no es buena hablando en público o de que hablar en público es doloroso quedó grabada en su subconsciente. Entonces, para mantenerla "cuerda" o "coherente" su subconsciente creativo la enferma cada vez que ella va a hablar en público con el fin de "alejarla de ese peligro". Sabemos que no es un peligro, pero su subconsciente así lo cree.

¿Cómo se reprograma el subconsciente? Este es un proceso que empieza con el lenguaje que usas diariamente. Cada que tú hablas, tu subconsciente escucha. Y si cada que hablas o te hablas en silencio dices frases como "Me voy a morir, tengo que hablar en público", refuerzas esa convicción y la sigues solidificando. Entonces, ¿qué hacer? Cada vez que te encuentres haciendo esas afirmaciones negativas, háblate de regreso y corrige. Puedes hacerlo diciendo algo como: "Eso era antes, ahora a mí me encanta hablar en público". Puedes también hacer afirmaciones diarias como: "El público es mi amigo, estoy frente a personas buenas como yo, me encanta compartir con ellas", pero debes hacerlo con emoción, como que lo crees. La emoción es el pegamento, es lo que pega la nueva creencia, la nueva orden a tu mente subconsciente. Por eso, es tan importante visualizarte con emoción, como si ya tu meta fuera una realidad: ya manejas ese carro, ya tienes ese título, ya estás realizando ese viaje. Lo puedes oler, lo puedes oír, lo puedes sentir. Entre más vívida sea la imagen, más rápido se va a adherir a tu subconsciente y tu mente ya no te saboteará, sino que te ayudará. Te mostrará oportunidades y te dará ideas.

¿No lo crees? Contéstame esta pregunta: ¿Alguna vez has comprado un carro de cierta marca y de repente empiezas a ver ese mismo carro por toda la ciudad? Tu mente tiene un filtro que se llama sistema reticular activo. Si captara todo lo que el ojo ve, enloquecerías, pues es demasiada información. Entonces, ella debe filtrar qué te muestra y qué no te muestra, basada en lo que ella (tu mente) percibe que es importante para ti o que va de acuerdo a tus creencias.

Ese carro ahora es importante para ti, así que ahora lo ves por toda la ciudad. Siempre hubo carros de esa marca, pero te pasaban por el frente y tu mente no te los "mostraba". En resumen, tú no ves el mundo como es, sino como crees que es. Entonces, cuando crees que puedes lograr tu meta, tu mente te empieza a mostrar información, oportunidades, personas y otro montón de información que te ayudará a lograrla. ¿No es maravilloso?

Brian

Paso #3: Tus metas deben estar escritas. Una meta que no está escrita no es una meta, es un sueño. Las personas exitosas trabajan a partir de metas y planes claros, escritos, específicos y detallados, que se revisan con frecuencia, a veces, todos los días. Personalmente, te recomiendo que escribas y reescribas tus metas todos los días, semana tras semana y mes tras mes. Esto las programa en lo profundo de tu mente subconsciente, donde toman vida y poder propio.

> Una meta que no está escrita no es una meta, es un sueño. Las personas exitosas trabajan a partir de metas y planes claros, escritos, específicos y detallados, que se revisan con frecuencia, a veces, todos los días.

Paso #4: Analiza tu punto de partida para alcanzar tu meta o tus metas principales. ¿Dónde estás ahora? Si deseas perder peso, lo primero que debes hacer es pesarte para saber tu peso *actual*. Si deseas alcanzar cierto nivel financiero, elabora tu estado financiero personal y determina en qué posición estás *hoy*.

Cuando evalúas tu situación, analizando tu punto de partida, te ves obligado a ser honesto contigo mismo. Esto te permite establecer metas creíbles y alcanzables y no metas inalcanzables y contraproducentes. Como te dije antes, piensa en metas que tengan un 50% de probabilidades de ser logradas.

Margarita

¿Has usado un GPS alguna vez? ¿Google Maps, Waze o algún otro sistema de posicionamiento global para moverte a lo largo y ancho de una ciudad que no conoces? Yo los uso todo el tiempo. Supongamos que estoy en Phoenix y debo ir al aeropuerto. Lo primero que determinará Waze, Google Maps o la tecnología que vaya a usar es el punto de partida, dónde me encuentro en ese momento. Si no hay punto de partida, ninguna aplicación me mostrará la ruta a seguir. No es lo mismo si voy del hotel al aeropuerto que si voy de la oficina de un cliente al aeropuerto. De igual manera, no puedes saber cuál es la ruta hacia tu meta si no conoces tu punto de partida. A veces, las personas quieren "enterrar su cabeza como el avestruz" y no ver sus cifras financieras, su peso actual, en fin... Yo era así y pensaba que, si no miraba el problema, "mágicamente, este iba a "desaparecer". Tú y yo sabemos que no es así. Más bien, observa sin miedo tu realidad actual. Tus resultados actuales no son malos, ni buenos. Son información que te permite saber dónde estás para encontrar la mejor ruta hacia donde quieres llegar. Míralos con total honestidad y sin juzgarte. Ahora, ya sabes cuál es tu punto de partida. Estás empezando a diseñar la vida de tus sueños y esta info es crucial para lo maravilloso que vas a construir.

Brian

Paso #5: Identifica *por qué* quieres lograr tu meta. Este paso nos enlaza de nuevo con el elemento del deseo. Haz una lista de todas las formas en que personalmente te beneficiarás al lograr tu objetivo. *Las razones son el combustible que mantiene encendido el fuego del logro por cumplir.*

> Si tienes una o dos razones para alcanzar una meta, tendrás una pequeña cantidad de motivación. Pero si tienes 40 o 50 razones para lograrla, estarás tan motivado y decidido a tener éxito que nada, ni nadie se interpondrá en tu camino.

He tenido varios amigos a lo largo de los años que decidieron que querían ganar mucho dinero y lograr su independencia financiera. Luego de escribir claramente cuánto capital querían tener, escribieron listas de literalmente cientos de cosas que harían con el dinero que iban a ganar y acumular. Estos amigos tienen hoy un éxito financiero extraordinario y lo lograron mucho más rápido de lo que se podría haber predicho, gracias a que tenían muchas *razones* para alcanzar sus metas. Entre más razones encuentres para lograr tus metas, más intenso será tu deseo y más profundas serán tu fe y tu convicción de que estas son alcanzables.

Margarita

La meta es el "qué", pero, como nos dijo Brian, el "por qué" es el motor, es la gasolina. Desde que escribo mis metas he logrado muchas cosas que antes de tener este hábito veía imposibles de lograr o ni siquiera las tenía en mi radar. Pero lo que más poder les ha dado a mis metas es hacer este ejercicio. Por ejemplo, cuando escribí que iba a ganar en un mes lo que ganaba en un año, estas fueron 8 de las muchas razones que escribí (escribí 43):

1. Podré invertir en mi negocio para ayudar a 5 veces más de personas a construir una vida mejor.

2. Podré pagar todas mis cuentas a tiempo y dormir tranquila, sin angustia financiera (tenía mucha angustia y muchas deudas).

3. Podré darles la mejor educación privada a mis dos hijos.

4. Podré comprarle una casa a mi papá y una a mi mamá.

5. Tendré dinero suficiente para hacer inversiones que me den ganancias residuales.

6. Podré patrocinar a x cantidad de niños de bajos recursos con educación, salud y alimentación.

7. Viajaré a donde quiera, cuando quiera y sin preocuparme por los gastos.

8. Viviré frente al mar y podré verlo desde mi ventana.

Luego, la lista seguía creciendo y además de escribir todo lo que lograría (placer) también escribí todo lo que perdería (dolor) si no lo lograba, lo cual es también un gran motivador. O sea, no solo escribiría las cosas buenas que me daría el lograr la meta, sino todo lo que perdería si no la lograba, y wow, ahí fue cuando la lista se puso más interesante y la motivación se triplicó. ¿Por qué? Porque los seres humanos hacemos más por evitar un dolor que por sentir placer. ¿Has visto personas que no logran perder peso a pesar de que les dan todas las razones buenas (el placer) si lo hacen? Y, aun así, no lo logran. Pero, cuando un médico les dice: "Si no bajas de peso, vas a sufrir un infarto y podrías morir en los próximos seis meses". ¡Y ZAZ! Ahí sí, esas personas cambian de inmediato su estilo de vida y empiezan a bajar de peso a gran velocidad.

A continuación, te doy 8 de las razones que escribí para lograr esa súper meta, que tenían que ver con el dolor de no lograrla.

Si no logro esta meta de ganar en un mes lo que ahora gano en un año:

1. No podré visitar a mis padres más de una vez al año, pues mis finanzas no me darán y me perderé momentos importantes con ellos.

2. Perderé mi casa (la que era mi hogar en ese entonces).

3. No podré viajar y mostrarles el mundo a mis hijos.

4. No podré ayudar a mis padres en momentos de necesidad.

5. Trabajaré hasta el día que me muera por no tener inversiones que me mantengan.

6. Mi misión de ayudarles a miles de latinos en el mundo se verá muy limitada.

7. No podré ayudarle a nadie fuera de mi familia, pues apenas sobrevivimos.

8. Tendré un seguro de salud muy básico que no nos protegerá por completo a mi esposo y a mí y, si tenemos una emergencia, no podremos recibir un cuidado de primera calidad o viajar a Estados Unidos para recibirlo (cuando escribí esta meta vivíamos en Nicaragua).

Obviamente, escribí más razones, pero estas fueron algunas de las que más me movieron y me motivaron todos los días a enfocarme en mis actividades de mayor valor, las que me llevarían a lograr esta súper meta.

Brian

Paso #6: Ponle una fecha límite a tu meta. Una fecha límite es un cálculo aproximado de cuándo vas a alcanzar la meta. Es como apuntar a un blanco. Puedes dar en él al primer intento o puedes alcanzar tu meta antes o después. Probablemente, alcanzarás la mitad de tus metas antes de la fecha límite y la otra mitad después de ella. El hecho es que siempre debes tener una fecha límite o fecha de logro para tus metas, al igual que un vuelo tiene su horario de salida, ya sea que salgas o no en el minuto específico que figura en tu tarjeta de embarque.

Si tu meta es demasiado grande, divídela en submetas, cada una con su fecha límite. Esto suele ser muy útil. Hace poco, trabajé con una empresa que había contratado para su departamento de ventas a un joven con una maestría en negocios. Este joven había tomado cursos sobre análisis financiero y planificación. Por lo tanto, se fijó metas de ventas para el año, para cada mes, para cada semana e incluso para cada día. Todos los días, él comparaba sus logros alcanzados con sus metas escritas; a veces, lo hacía hasta dos veces al día. A los seis meses de haber empezado, se convirtió en el vendedor más exitoso de su compañía. Sus ventas aumentaron de manera constante y predecible mes tras mes.

Como verás, cuando divides tus metas en cantidades y actividades diarias y por hora, te sorprenderás de cuánto más puedes lograr.

Margarita

Permíteme hablarte de la Ley de la Acumulación. Se estima que el gerente general promedio en Estados Unidos lee 60 libros de no ficción al año. Por su parte, el americano promedio gana alrededor de $50 mil dólares al año (leyendo en promedio 4 libros) y el gerente general o CEO en USA gana en promedio alrededor de $800 mil dólares al año. Es indudable que el conocimiento es una clave indiscutible para el éxito.

Cuando conocí a mi esposo, él ya era un lector dedicado, pero, siendo muy sincera, a mí se me hacía difícil y aburrido leer. Peor si pensaba en datos como los que te acabo de compartir. ¿60 libros al año? ¿Como le hacen? ¿A qué hora? Ok, pensemos en 12, uno al mes. Todavía lo sentía como algo "imposible" de lograr. Al fin, decidí dividir la tarea de 12 libros al año en páginas por mes. Un libro en promedio tiene 300 páginas y un mes en promedio tiene también 30 días. Total, son 10 páginas al día. Decidí enfocarme en leer 5 páginas por la mañana y 5 páginas por la noche. Entonces, al dividir la meta en submetas, me di cuenta que era más que posible alcanzarla. Hoy en día, amo la lectura y leo mucho más que esas 10 páginas iniciales y wow, los resultados y el cambio en mi vida han sido increíbles.

Brian

Paso #7: Determina los *obstáculos* que se interponen entre tú y tu meta. *¿Por qué no estás en tu meta ya?* ¿Qué te está bloqueando? ¿Qué te está deteniendo? De todas las cosas que te impiden alcanzar tu meta, ¿cuál es el mayor obstáculo?

Para lograrla, aplica la Regla 80/20 a los obstáculos y dificultades que te impiden alcanzar tu meta. Esta regla dice que, en la mayoría de los casos, el 80% de las razones por las que no estás logrando tu meta son *internas;* están dentro de ti y no en el mundo que te rodea. Solo el 20% de los obstáculos son *externos* y están en circunstancias a tu alrededor o en otras personas.

Las personas promedio culpan su falta de progreso en la vida a personas y circunstancias a su alrededor. En cambio, las personas de alto rendimiento siempre se miran a sí mismas y se preguntan: "¿Qué hay *en mí* que *me* está frenando?".

Entonces, piensa con detenimiento qué es eso que hay en ti, en tu forma de pensar, de actuar, que te está frenando.

Paso #8: Determina el conocimiento, la información y las habilidades adicionales que necesitarás tener para lograr tu meta. Recuerda, en esta era de la información, el conocimiento es la materia prima del éxito. Para lograr algo que nunca antes has logrado tendrás que hacer algo que nunca antes has hecho. Tendrás que convertirte en alguien que nunca has sido. En otras palabras, para ir más allá de tu nivel actual de logros, tendrás que adquirir nuevos conocimientos y habilidades.

Cada nueva meta debe combinarse con una meta de aprendizaje. Cualquiera que sea tu meta, debes decidir qué tendrás que aprender y dominar para lograrla. Pregúntate: "¿Qué habilidad, si la desarrollara y la implementara de una manera excelente, me ayudaría más para lograr esta meta?". Cualquiera que sea tu respuesta, debes escribirla, hacer un plan y luego trabajar en el desarrollo de esa habilidad, todos los días, hasta que la domines. Esta sola decisión podría cambiar tu vida.

Margarita

Cuando me decidí y escribí por primera vez metas financieras ambiciosas, entendí que tenía que aprender sobre el mundo digital. Yo soy modelo 72, entonces, entenderás que no nací con un celular en la mano. Sabía que, si quería llevar mi empresa al siguiente nivel, debía aprender a posicionar mi marca en las redes sociales y a entender el mercadeo en el mundo digital. Cientos de horas de estudio y años después, poseo y manejo junto a mi esposo Alejandro una empresa multinacional cuya operación principal es digital. Si no me hubiera hecho esta pregunta, quizá no lo hubiese visto tan claro y no nos hubiéramos enfocado mi esposo y yo al 100% en entender, aprender y luego dominar las estrategias que nos han permitido avanzar de manera acelerada. No fue fácil, pero a nadar se aprende tragando agua, así que seguimos aprendiendo y estudiando cada día. Lamentablemente, muchos profesionales creen que, al graduarse de la universidad, terminaron su aprendizaje. Todo lo contrario, apenas empieza. Para tener más, hay que saber más. Tener y convertirse son palabras gemelas. El que tiene $100 millones, sabe algo que el que tiene $10 millones no sabe. Tu trabajo es averiguar qué es y aprenderlo si quieres los mismos resultados. Entonces, te vuelvo a hacer la pregunta que te hizo Brian: ¿qué es aquello que, si lo aprendes muy bien, si lo dominas, acelerará el camino al logro de tu meta?

> Lamentablemente, muchos profesionales creen que, al graduarse de la universidad, terminaron su aprendizaje. Todo lo contrario, apenas empieza. Para tener más, hay que saber más. Tener y convertirse son palabras gemelas. El que tiene $100 millones, sabe algo que el que tiene $10 millones no sabe.

Brian

Pasos #9: Determina de quién necesitas cooperación para lograr tu meta. Empieza con tu familia, tu jefe y tus compañeros de trabajo. Piensa en tus clientes, tus proveedores y tu banquero. ¿Qué ayuda necesitarás y qué tendrás que hacer para que ellos te ayuden? ¿Cómo puedes ganar su cooperación ayudándolos de alguna manera?

Las relaciones lo son todo. Para lograr cualquier cosa importante necesitarás la ayuda de muchas personas. Cuantas más y mejores relaciones desarrolles, más rápido lograrás tus objetivos y mejor será cada parte de tu vida. ¿Quiénes son las personas clave en tu vida laboral y personal? ¿Quiénes serán? ¿Qué puedes hacer para obtener su ayuda y cooperación?

Margarita

¿Has oído el chiste de Zoila? "Soy la" de marketing, "soy la" que factura, "soy la" que despacha los pedidos, en fin… Así era yo. Trataba de hacer crecer mi empresa haciendo todo con mi esposo. Me daba miedo invertir en personas talentosas, pues me parecían muy caras. ¿Caras? Caro es pensar que tú puedes solo. Nada, absolutamente nada grande se logra solo. Mi esposo me decía: "Contratemos a un experto en esto". Y yo, con mi mentalidad de escasez respondía: "¡Noooo! ¡Eso también lo puedo hacer yo!". Total, nuestra empresa no crecía y les dábamos un servicio muy regular a nuestros clientes, pasábamos ocupadísimos y siempre cortos de dinero, de tiempo y de energía. Te pregunto: ¿Qué persona puedes contratar hoy que traería tantos beneficios a tu negocio que su salario se pagaría solo?

Brian

Paso #10: Escribe un plan para lograr tu meta. Un plan es una lista organizada de tareas que tendrás que completar para ir de donde estás a donde quieres llegar. Es similar al plan que haces cuando vas de vacaciones o emprendes un viaje. Elaboras una lista de todo lo que tendrás que llevar contigo y de lo que tendrás que hacer antes de partir y después de llegar.

En la consecución de tus metas, tú decides exactamente qué es lo que quieres lograr y lo escribes. Analizas tu punto de partida y determinas las razones por las que deseas lograrlo. Estableces una fecha límite y las submetas con sus respectivas fechas límite. Enumeras los obstáculos que tendrás que superar y los problemas que tendrás que resolver. Determinas las habilidades, el conocimiento y los recursos humanos que tendrás que aprender o adquirir para lograrlas. Analizas y decides de quién o quiénes necesitarás ayuda y qué tendrás que hacer para obtenerlas. Luego, tomas todos estos elementos y los combinas en un plan de acción.

Un plan es una lista de actividades organizadas por duración, secuencia e importancia. ¿Qué tienes que hacer primero y qué tienes que hacer después? ¿Qué es más importante y qué es menos importante? ¿Qué hay que hacer antes de que se puedan hacer otras cosas? De todas las cosas que tienes que hacer, ¿cuáles son las actividades de mayor valor, las que tienen la mayor consecuencia para lograr tu meta?

Paso #11: Visualiza tu meta cada día como si ya la hubieras alcanzado. Imagina tu meta vívidamente. Imagina cómo se vería si ya la hubieras logrado. Experimenta la sensación que vivirías si ya estuvieras en tu meta. Imagina el orgullo, la satisfacción y la felicidad que sentirías si ya fueras la persona que quieres ser y tuvieras las cosas o vivieras las situaciones de las que tanto deseas disfrutar.

Repite esta visualización, combinada con el sentimiento emocionante que la acompaña. Hazlo una y otra vez, durante el día. Cada vez que visualizas y sientes esa emoción, programas tu meta más y más profundamente en tu mente subconsciente y superconsciente. Al final, tu meta se convierte en una poderosa fuerza inconsciente que te motiva e inspira día y noche.

Margarita

Tenemos entre las dos orejas una máquina súper poderosa y maravillosa. Nuestra mente nos ayuda a lograr nuestras metas o nos sabotea para que no las logremos. Tú tienes dentro de ti un autoconcepto. El autoconcepto es la creencia que tienes de quién eres, qué puedes y qué no puedes lograr; tienes un concepto o creencia de más o menos cuánto dinero ganas, cuánto pesas, qué tipo de carro manejas y en qué tipo de vecindario vives. Cuando sobrepasas tu autoconcepto, tu mente corrige y te empieza a sabotear para que regreses a donde, según tu mente y tu programación, "perteneces". Imagina por un segundo que pierdes todo lo que tienes y terminas viviendo en un lugar que, para tus estándares, es horrible; que es el peor barrio en el que has vivido tú o cualquier persona de tu familia, así que te sientes desesperado y asustado. En ese momento, toda tu energía se enfoca en salir de ahí; consigues un segundo empleo, si es necesario; pides un préstamo; vendes algo; haces lo que sea con tal de salir de ahí y, un par de meses después, vuelves a vivir a un lugar que está bajo tus estándares. En ese momento, tu autoconcepto te dice: "Ya estamos bien, este es nuestro estándar", así que bajas la velocidad y entras en tu zona de comodidad. Pero piensa, si esto le pasa también a un amigo tuyo, cuyos estándares están muy por encima de los tuyos, un amigo que está acostumbrado a vivir en un barrio muy superior al que tú estás acostumbrado, en el momento en que tú ya te sientes cómodo, él todavía no se sentirá así, de modo que tú bajas la velocidad y él en cambio seguirá trabajando muy duro para seguir incrementando sus ingresos y su nivel de vida.

Este proceso mental también funciona a la inversa. Es decir, tú puedes irte muy por arriba de tu autoconcepto y tu mente te hará retroceder para ponerte allá donde ella cree que "perteneces". Hace unos años, vi en televisión un programa que informaba sobre la quiebra económica del excampeón de peso pesado Mike Tyson. ¿Cómo pudo desaparecer semejante fortuna? En una parte del programa mencionaban un gasto de más de $100 mil dólares en flores. ¡En flores! ¿Puedes creerlo? Yo, sí, porque su mente estaba "corrigiendo" el error. O sea, en el mundo material puedes ser millonario, pero si en tu mente eres pobre, tu mente "corregirá el error" y te devolverá a la pobreza. En la mente siempre gana la imagen más fuerte, por eso, debes visualizar tu meta todos los días con emoción, con entusiasmo, pues es la emoción la que "pega" esa imagen al subconsciente. De ese modo, tu mente te llevará en esa dirección y, cuando logres tu propósito, tu mente dirá: "Aquí es donde pertenecemos, estos sí son nuestros estándares".

Paso #12: Ten persistencia y determinación. Decide de antemano que nunca, nunca te rendirás. Desde mucho antes de enfrentarte a obstáculos o dificultades, toma la decisión, de que, pase lo que pase, tú continuarás hasta que alcances tu meta.

Esta forma de preparación mental, al decidir por adelantado que nunca te rendirás, hará más para ayudarte que casi cualquier otro factor. Encontrarás muchos contratiempos y decepciones en el camino hacia tu meta. Esto es inevitable e ineludible. Va con el territorio. Por eso, debes decidir por adelantado que nada te detendrá. Entonces, cuando te enfrentes a los inevitables obstáculos y dificultades que suelen surgir, estarás preparado sicológicamente para no darte por vencido.

Margarita

¿Eres como el vidrio o como el caucho? Hay personas que son como el vidrio. Cuando les "cae" un problema encima, se quiebran, se desbaratan y quedan en el piso hechas pedazos. Por otro lado, las personas resilientes son como el caucho y, cuando "caen al piso", debido a un problema, rebotan y vuelven a quedar de pie. No fracasará el que no se da por vencido. ¿Cuántas veces debes intentarlo? Hasta que lo logres...

Brian

Aquí está el ejercicio final que une en un proceso simple todo lo que hemos hablado en este capítulo: saca una hoja de papel limpia y en la parte superior de la página escribe la palabra "Metas", con la fecha de hoy. Luego, haz una lista de, al menos, 10 metas que desees lograr en los próximos 12 meses. Escribe tus metas en tiempo presente, como si hubiera pasado un año y ya las hubieras logrado. Por ejemplo, si deseas pesar una cierta cantidad de libras, debes escribir: "Peso X número de libras". Si deseas ganar una cierta cantidad de dinero en los próximos 12 meses, escribe: "He ganado X cantidad de dólares en este año". Una vez que hayas escrito tus 10 metas, revisa y analiza tu lista.

Hazte esta pregunta: "¿Cuál de las metas de esta lista, si la lograra, tendría el mayor impacto positivo en mi vida?".

Analiza tu lista de metas y selecciona una meta específica. Esta meta se convierte en tu súper meta. Ahora, pasa tu súper meta por el proceso de los 12 pasos que te acabamos de enseñar.

Cuando empieces a practicar estos principios en tu vida, te sorprenderás literalmente de todo lo que empiezas a lograr. Te convertirás en una persona más positiva, poderosa y efectiva. Tendrás mayor autoestima y confianza en ti mismo. Te sentirás como un ganador cada hora del día. Experimentarás un tremendo sentido de control y dirección personal. Tendrás más energía y entusiasmo. Como resultado, lograrás más en unas pocas semanas o en meses que lo que la persona promedio podría lograr en varios años.

Cuando te conviertas en un trazador de metas para toda la vida, a través del estudio y la práctica, una y otra vez, programarás en tu mente subconsciente la "habilidad maestra del éxito". Como resultado, te unirás al 3% de las personas más productivas de nuestra sociedad y te convertirás en una de las personas más felices y exitosas del mundo.

> **Cuando te conviertas en un trazador de metas para toda la vida, a través del estudio y la práctica, una y otra vez, programarás en tu mente subconsciente la "habilidad maestra del éxito".**

Margarita

Escribir y revisar mis metas diariamente es sin duda uno de los hábitos que me ha permitido lograr cosas que en un momento de mi vida parecían imposibles: ser socia de Brian Tracy, compartir escenario con personas de la talla de Tony Robbins, John C. Maxwell, Deepak Chopra, Les Brown, tener libertad financiera, libros *bestsellers*, participar y compartir conocimiento en cadenas de televisión como Univisión y CNN, guiar a estrellas de la televisión, deportistas profesionales, ganadores de premios Emmy y premios Billboard entre otros… Cuando tienes un objetivo claro, sabes por qué lo quieres y cuáles son las acciones que debes tomar a diario para lograrlo, tus resultados se aceleran exponencialmente. Logras el triple en la mitad de tiempo. Es triste ver tantas personas por el mundo repitiendo el mismo día, el mismo año, los mismos problemas. Yo les digo siempre: "Si no tienes metas claras y por escrito, no hagas nada, ya llegaste y ahí te quedarás hasta que hagas un plan". Si no tienes un plan, detén todo, absolutamente todo lo que tengas que hacer y hazlo ahora mismo. Ese es el primer paso para vivir en plenitud y crecer a pasos de gigante.

Si quieres descargar un documento editable para trazar tus metas de manera ordenada y crear un plan para lograrlas, descarga nuestra guía gratuita escaneando este código:

https://www.pasosdegigante.com/recursos/opt-in/manual-del-exito/

CAPÍTULO 3

Piensa como un ganador
(Autoconfianza)

*"Para ser un campeón, debes creer en ti
cuando nadie más lo haga".*

Sugar Ray Robinson
Miembro del salón internacional de la fama de boxeo

Brian

Hace poco, una joven me escribió para comentarme que toda su vida había dado un giro total desde que escuchó una de mis grabaciones y la pregunta: "¿Qué gran cosa te atreverías a soñar si supieras que no puedes fallar?". Según ella, hasta ese momento, esta era una pregunta que nunca se había atrevido a formularse, pero ahora, no pensaba, sino en respondérsela. Se había dado cuenta en un gran instante de claridad que el obstáculo principal que la separaba de sus sueños era su poca convicción en su capacidad para alcanzarlos.

Muchos de nosotros somos así durante la mayor parte de nuestra vida. Hay muchas cosas que queremos ser, tener y hacer, pero nos detenemos. Dudamos, porque carecemos de la confianza necesaria para avanzar en dirección a nuestros sueños.

Abraham Maslow afirmó que la historia de la raza humana es la historia de hombres y mujeres "que creen muy poco en sí mismos". Alfred Adler, el sicoterapeuta, explicó que los sentimientos de inferioridad e insuficiencia son comunes en la mayoría de las personas. Debido a que carecemos de autoconfianza, llegamos a la conclusión de que no contamos con la capacidad para lograr metas que otros ya han logrado. Como resultado, ni siquiera lo intentamos.

¡Imagínate por un momento! ¿Qué harías diferente si creyeras con todas tus fuerzas que tú eres capaz de lograr cualquier meta que te propongas? ¿Qué metas te trazarías? ¿Qué te atreverías a soñar si creyeras en ti mismo con una convicción tan profunda que no tuvieras ningún temor de fracasar?

Lo maravilloso de este tema es que, hoy en día, puedes aprender cómo desarrollar tu autoconfianza a tal punto que no tengas miedo de intentar lograr lo que sea que te propongas. Mejor dicho, tú tienes el potencial de volverte imparable, no importa lo que pase. Es cuestión de entender cómo.

La mayoría de las personas empiezan en la vida con poca o ninguna autoconfianza. La buena noticia es que, si haces las mismas cosas que hacen otros hombres y mujeres seguros de sí mismos, tú también experimentarás esa misma autoconfianza y obtendrás los mismos resultados.

La base de la autoconfianza es que te agrade la persona que eres y te aceptes incondicionalmente como un ser humano importante y valioso. No hay nada más importante que esto. Cuanto más te guste como eres, te respetes a ti mismo y te consideres un ser completamente bueno, más creerás en ti. En otras palabras, cuanto mayor sea tu autoestima, más confianza tendrás en tu capacidad para decir y hacer las cosas correctas en el momento adecuado.

> La base de la autoconfianza es que te agrade la
> persona que eres y te aceptes incondicionalmente
> como un ser humano importante y valioso.

El Dr. Nathaniel Brandon llama a la autoestima "tu reputación contigo mismo". De modo que, mientras mejor sea tu reputación contigo mismo, más te gustará el ser humano que eres. Desarrollas una gran reputación contigo mismo al vivir tu vida de acuerdo a tus valores. Entre más claro estés con respecto a ellos, a todo en lo que crees y defiendes, más probable será que lo practiques. Y, cuando lo hagas, te gustarás y te respetarás aún más. Entonces, experimentarás un profundo sentido de calma y seguridad.

Tu autoestima es el determinante de tus emociones. Lo que sientes por ti mismo en cualquier área precede y predice tu desempeño en todo lo que haces. Tu autoestima es la fuente de energía de tu personalidad. Tu nivel de autoestima determina tus niveles de vitalidad, entusiasmo y magnetismo. Las personas con alta autoestima son más positivas, más agradables y más efectivas en todo lo que hacen. Cuando te sientes bien contigo mismo, tiendes a ser mejor persona.

Tan importante es tu nivel de autoestima que esta define tu "fortaleza mental". Determina qué tan saludable y resistente eres al lidiar con los inevitables altibajos de la vida diaria. Tu autoestima controla tu tranquilidad y nivel de realización interior.

Además, tu autoestima está estrechamente vinculada a tu salud y a tus niveles de energía. Las personas con alta autoestima rara vez están enfermas y parecen tener un flujo inagotable de energía y entusiasmo que las impulsa hacia sus metas.

Margarita

Tener autoconfianza no siempre fue fácil para mí. Durante mi adolescencia y mis veintes era muy insegura y le huía al juicio de los demás. Por eso, es muy importante entender la diferencia entre autoestima y lo que yo llamo "otroestima".

La autoestima proviene de mí. Es decir, me gusta quien soy, me reconozco como una persona única e irrepetible. ¿No te parece increíble que, en un mundo donde hay miles de millones de personas, no haya una, ni una sola, igual a ti? Eso significa que tú eres un ser maravilloso, así que debes creerlo si quieres ser feliz y tener éxito.

> ¿No te parece increíble que, en un mundo donde hay miles de millones de personas, no haya una, ni una sola, igual a ti? Eso significa que tú eres un ser maravilloso, así que debes creerlo si quieres ser feliz y tener éxito.

Por su parte, la otroestima proviene de las opiniones de otros hacia mí. Esto implica que yo siento que valgo cuando otros me dan reconocimiento, cuando otros me elogian, cuando otros hacen comentarios positivos acerca de mí. El problema con la otroestima es que tu valor lo estás poniendo en el bolsillo de otras personas; estás permitiendo que las actitudes de esos otros determinen cuánto vales y qué tanto crees en ti.

La verdad es que las personas exitosas y felices hacen caso omiso a los comentarios negativos de los demás y no permiten que voces negativas externas se conviertan en voces negativas internas.

> Las personas exitosas y felices hacen caso omiso a los comentarios negativos de los demás y no permiten que voces negativas externas se conviertan en voces negativas internas.

Te daré unos ejemplos de personajes maravillosos que, en lugar de otroestima, tuvieron una autoestima tan alta que ni las voces negativas de maestros y expertos los detuvieron:

Walt Disney: Su primer trabajo fue en el periódico *The Kansas City Star*, de donde fue despedido por el editor, porque "no tenía imaginación, ni buenas ideas". A Walt Disney, ¿puedes creerlo? Si él se hubiese basado en la otroestima, hubiera aceptado la opinión de esta persona y Mickey Mouse no hubiera nacido jamás.

Steven Spielberg: La escuela de teatro de la Universidad del Sur de California rechazó tres veces su aplicación de ingreso, así que él nunca logró entrar a estudiar allí y terminó estudiando en otra universidad. De allí, se salió sin graduarse, pues quería empezar su carrera como director.

Oprah Winfrey: Fue despedida de su trabajo en televisión en la ciudad de Baltimore, donde le dijeron que ella no tenía lo que se necesita para trabajar en este medio. Años después, se convertiría en una de las figuras más importantes de la televisión estadounidense.

JK Rowling: Antes de que fuera aceptado y se convirtiera en un *bestseller* mundial, su libro *Harry Potter y la piedra filosofal* fue rechazado por 12 editoriales. Se dice que una de las editoriales le sugirió mantener su empleo y no dedicarse a escribir.

Elvis Presley: Después de una sola presentación, Elvis Presley fue despedido por Jimmy Denny, el manager del Grand Ole Opry, quien le dijo: "Hijo, no vas a llegar a ningún lado, mejor regresa a manejar camiones".

Los Beatles: Dick Rowe, el ejecutivo de Decca Records, rechazó al grupo y les dijo que "los grupos con guitarras estaban pasando de moda y que ellos no tenían ningún futuro en la industria del entretenimiento".

¿Qué tienen en común estas personas? Autoconfianza, autoestima. No importa lo que los demás digan y crean de ti, lo que en verdad importa es lo que tú creas de ti mismo. Eres hábil, completo y capaz. No lo dudes ni un minuto, ni permitas que voces negativas externas se conviertan en voces negativas internas.

Brian

Entre más te guste la persona que eres y más te respetes a ti mismo, mejor será la calidad de tus relaciones interpersonales. Cuanto más bien te lleves contigo mismo, más te llevarás bien con quienes te rodean y más le agradará a la gente pasar tiempo contigo. De hecho, cuando tu autoestima disminuye, las primeras que se ven afectadas son tus relaciones con los demás.

Por consiguiente, para rendir al máximo y sentirte bien, debes trabajar y ser constante en el desarrollo y mantenimiento de tu autoestima. Es decir, al igual que asumes la responsabilidad de tu condición física, cuidando lo que comes y la cantidad de ejercicio que haces, así también debes asumir la responsabilidad total de tu condición mental, de los pensamientos que albergas y de las emociones que experimentas.

Margarita

Este capítulo se llama *Piensa como un ganador*. Lo primero que debemos entender es que la base de la autoconfianza está ahí, en los pensamientos. ¿Quién es la persona con la que tú más hablas? No es con tus familiares, ni con tus compañeros de trabajo. Es contigo mismo. Entonces, pregúntate: "Si tu mejor amigo o amiga te hablara como tú te hablas a ti mismo, ¿todavía serían amigos?". La respuesta a esta pregunta será muy reveladora y te mostrará cómo te estás hablando. Un ganador va por la vida hablándose a sí mismo de manera constructiva, como si tuviera en su mente a un entrenador privado y no a un crítico interno.

> Todo el tema de pensar como un ganador y elevar nuestra autoconfianza empieza con el lenguaje que usamos con nosotros mismos, bien sea en silencio, en voz alta, por escrito e incluso con los gestos.

Si cometes un error y empiezas a usar lenguaje como: "¡Qué tonto soy!", "¡Todo me sale mal!", "¡Yo sabía…!", etc., disminuirás tu autoconfianza y, como consecuencia, empezarás a intentar menos cosas y, al intentar menos cosas, por la Ley de Promedio, lograrás mucho menos. De hecho, quiero compartirte dos frases famosas de Thomas J. Watson, el primer gerente general de IBM:

"Si quieres aumentar tu tasa de éxito, aumenta tu tasa de fracaso".

"Nada demuestra más la capacidad de un hombre para liderar a otros que lo que él hace para liderarse a sí mismo".

Veamos la primera frase. Las personas de éxito tienen niveles muy altos de autoconfianza y autoestima. Es por esto que el fracaso no las detiene como tampoco las detienen las críticas de otros. Es más, en su mente el fracaso no existe, lo único que existe son resultados y, si los resultados que obtienen no eran los que buscaban, pues vuelven a intentarlo hasta lograr el resultado deseado.

La segunda frase nos habla de cómo nos lideramos a nosotros mismos. En esencia, se refiere a cómo nos hablamos y qué historia nos contamos cuando algo nos sucede. La mente es una máquina de crear significados. La buena noticia es que tú siempre estás en control del significado que les das a las situaciones.

Hace unos meses, iba para Orlando a acompañar a mi esposo, que se encontraba allá con mi hijo y varios de sus amigos para divertirse en los parques de Universal. Yo había tenido varios viajes en los últimos días, así que mi esposo se había ido con ellos por tierra y yo volaría en la noche para verlos allá. Cuando llegué al aeropuerto, me informaron de la aerolínea que el vuelo a Orlando había sido cancelado y me reprogramaron para salir al día siguiente, casi a la 1:00 pm. Si esto me hubiera sucedido años atrás, hubiera explotado de la rabia; hubiera peleado con las personas de la aerolínea y seguro hasta me hubiera dado un buen dolor de cabeza, debido a la contrariedad. Pero recuerda, la mente crea el significado, tú y yo estamos en control. Así que, muy tranquila dije: "Tengo la oportunidad de descansar y dormir hasta tarde y llegar mañana con más energía y recuperada de los otros viajes". Me fui tranquila a dormir a mi casa, llegué al dia siguiente feliz y contenta, y disfruté mucho el tiempo que pasamos allá.

Si quieres pensar como un ganador, busca darles a las situaciones significados que siempre sean constructivos, que te sumen, que te motiven, que te ayuden a crecer.

Si alguien te grita, tú decides: te dejas robar la paz o ves a esa persona con compasión.

Si pierdes un cliente o una venta, tú decides: ves lo sucedido como un fracaso o como una inspiración para trabajar mejor.

Si alguien te critica, tú decides: ignoras a quien te critica y sigues adelante o le das el poder de desmotivarte y empiezas a dudar de ti.

Si las cosas no salen como esperabas, tú decides: te quedas lamentándote o buscas la lección que te dejó esa experiencia para volver a intentarlo.

Brian me enseñó a ser una "paranoica inversa". Es decir, a siempre pensar que todo sucede por mi bien y que el mundo se está alineando de tal modo que yo tenga éxito. Con este tipo de pensamiento, ¿qué puede detenerte de intentar lo que quieras?

Te comparto mis afirmaciones de cada mañana para mantener y elevar mi autoconfianza:

✓ Soy hábil, completa y capaz.

✓ Soy abundante, soy saludable, soy imparable.

✓ Va a funcionar, porque yo voy a hacer que funcione.

✓ Me siento feliz y agradecida, viviendo mis metas cada día.

Ahora bien, ser constructivo y ver el lado bueno no significa no ver los desafíos. No porque yo piense positivo y diga "no hay mala hierba, no hay mala hierba" se salvará mi jardín de que crezcan hierbas malas ahí. A lo que me refiero es a tener una visión constructiva y enfocarte solamente en lo que puedes controlar. Puedo, por ejemplo, poner un producto en mi jardín para evitar que crezca la "mala hierba", o si crece, puedo llamar a un experto para que la erradique de mi jardín. Pero enojarme y preocuparme son actitudes inútiles que solo me hacen daño a mí.

Brian

Se han escrito innumerables libros y artículos para ayudarles a las personas a disfrutar de mayores niveles de autoestima. Sin embargo, existe una fórmula simple que tú puedes aprender y practicar. Contiene todos los elementos fundamentales del desarrollo de la autoestima. Te recomiendo utilizarla a diario con el fin de asegurar un rendimiento mental máximo.

La construcción de la autoestima y la autoconfianza requiere de seis elementos:

1. Tener metas claras

2. Tener estándares y valores bien definidos

3. Tener experiencias de éxito

4. Compararte con otros

5. Recibir reconocimiento de personas a quienes respetas

6. Recibir recompensas

Vamos a explicarlos uno por uno.

1. Tener metas claras: Qué tanto te gusta la persona que eres y cuánto te respetas son dos conceptos que se ven directamente afectados por tus metas. Es decir, el hecho de establecer metas grandes y desafiantes y hacer planes de acción por escrito para lograrlas aumenta tu autoestima. Por esta razón, la práctica de fijar metas claras y por escrito te hará sentir mucho mejor contigo mismo.

La autoestima, o felicidad, se ha definido como "la realización progresiva de un ideal valioso". Disfrutas de alta autoestima cuando sientes que estás avanzando paso a paso hacia lograr algo que es importante para ti. Por lo tanto, es importante que tengas metas claras en cada área de tu vida y que estés trabajando continuamente para lograrlas. Cada paso hacia adelante hace que tu autoestima se eleve y te sientas más positivo y poderoso.

2. Tener estándares y valores bien definidos. Los hombres y las mujeres con alto nivel de autoestima son muy claros en lo que creen y en lo que esperan. La base de tu confianza en ti mismo y de tu autoestima es tener una idea clara de lo que defenderás o no defenderás.

Tener una autoestima duradera solo es posible cuando tus metas y tus valores son congruentes, cuando están perfectamente alineados y no se contradicen entre sí. Gran parte del estrés que las personas experimentan proviene de creer una cosa y tratar de hacer algo que sea inconsistente con esa creencia. Pero, cuando tus metas y tus valores están alineados, te sientes maravilloso contigo mismo. Experimentas una ola de energía y bienestar y entonces empiezas a obtener un progreso real.

Muchas personas están descontentas con su trabajo, porque no parecen poder tener éxito, no importa cuánto lo intenten. Cuando esto sucede, les pregunto si están trabajando en algo que realmente les importa y en lo cual creen. En muchos casos, las personas se dan cuenta de que no están contentas con su trabajo, porque es el tipo de trabajo incorrecto para ellas. Por esa razón, una vez que se cambian de trabajo o negocio y empiezan a hacer algo que ellas realmente disfrutan, que es más consistente con sus valores, empiezan a progresar y a experimentar un gran sentimiento de satisfacción.

Margarita

Hace años, conocí a una joven ejecutiva con una carrera prometedora. Había dado muy buenos resultados como gerente de mercadeo de una enorme empresa de productos para el hogar a nivel nacional. Además, tenía un esposo que la quería mucho y dos gemelitas pequeñas, sanas y lindas. Tiempo después, la volví a ver y me contó que la habían contratado como vice gerente de mercadeo de la compañía licorera más grande de su país y que aquella era una gran oportunidad. Rápidamente, me comentó un par de beneficios de su nuevo trabajo, los cuales incluían una camioneta Toyota del año (carro de lujo en Latinoamérica) y un excelente salario.

Pasó el tiempo y yo estaba dando unos talleres de inteligencia emocional para mujeres ejecutivas en su país. Ella se inscribió en el taller y nos volvimos a encontrar. Ya la cara feliz no estaba. Me dijo que sus niveles de estrés estaban desbordados, que estaba afrontando problemas de pareja y de salud, y que por eso se había inscrito en el seminario.

En uno de los ejercicios que realicé, ella misma fue analizando sus valores y dándose cuenta de que su trabajo entraba en conflicto con ellos. Para entonces, tenía ya una niña pequeña además de sus gemelas. Ella pensaba que su mayor estrés era la cantidad de trabajo y las peleas con su esposo, pero en nuestro taller descubrió que el verdadero motivo de su estrés era que estaba afrontando un conflicto de valores.

Su trabajo, me dijo ella, era lograr que la gente consumiera más licor desde más temprana edad, así que, reflexionando (incluso, llorando en el taller), cayó en cuenta de que, en algún momento, sus hijas iban a ser influenciadas por esas mismas campañas publicitarias que ella estaba dirigiendo. Ahí mismo, decidió empezar a buscar oportunidades y logró irse con toda su familia a México, vinculada para trabajar con una empresa hotelera muy grande.

La última vez que hablé con ella, me dijo: "Estoy feliz. En esta empresa hacemos felices a las familias y creamos recuerdos para toda la vida. Amo lo que hago. ¡Gracias, gracias, gracias!".

Como ves, nunca serás feliz cuando lo que haces va en contra de tus valores o tus estándares.

Brian

El ejemplo que nos dio Margarita es muy claro. Es imposible hacer un trabajo o tener un negocio que va en contra de todo lo que crees y aun así tener un óptimo nivel de autoestima. Tus valores y tus metas deben ir alineados.

Veamos ahora el siguiente elemento para alcanzar óptimos niveles de autoestima y autoconfianza:

3. Tener experiencias de éxito. Una vez que hayas establecido tus metas, debes hacer que estas sean medibles. Necesitas conocer, medir y mantener "el puntaje" de tus éxitos pequeños y también el de los grandes. El solo hecho de establecer una meta, dividirla en submetas más pequeñas y luego alcanzar una o más de estas submetas te hará sentir como un ganador. El éxito, aunque sea en medidas pequeñas al principio, hace que tu autoestima se eleve.

Digamos que estableces una meta para vender cierta cantidad de producto o que quieres ganar una cierta cantidad de dinero en el año. Entonces, divide esa meta en submetas mensuales y semanales, incluso en metas diarias y por hora. Cuando logres la primera de estas submetas, te sentirás muy bien contigo mismo. Te sentirás como un ganador. Cada vez que alcanzas una de las submetas, tu autoconfianza y tu autoestima aumentan. Tu desempeño mejora. Empiezas a sentirte emocionado y entusiasmado con el próximo desafío.

La razón por la que las personas sin metas parecen tener niveles de autoestima más bajos es porque no están utilizando esta fuerza poderosa que desarrolla la personalidad. No solo carecen de metas claras a las cuales apuntar, sino que no tienen puntos de referencia, ni submetas que las lleven al cumplimiento de un objetivo final. Es por eso que, el solo hecho de escribir tus metas y planes, acompañados de estándares y valores claros, aumenta tu autoestima, tu autoconfianza y tus niveles de energía.

Margarita

En este tercer elemento, lo que Brian nos dice es que la verdadera autoconfianza, esa que te hace sentir imparable, se va fortaleciendo a medida que tienes pequeños logros, los cuales te hacen sentir más capaz y querer ir obteniendo cada vez mayores resultados. La autoconfianza no solo proviene de "pensar positivo", sino también de "saber positivo". Tú dices: "Yo logré esto, de modo que ahora sé que puedo y me atrevo a ir por más".

> **La autoconfianza no solo proviene de "pensar positivo", sino también de "saber positivo". Tú dices: "Yo logré esto, de modo que ahora sé que puedo y me atrevo a ir por más".**

Muchos de mis estudiantes de marketing digital vienen a mí, queriendo posicionar su marca personal y encontrar clientes potenciales en las redes sociales. La gran mayoría le tiene miedo a la cámara y nunca ha posteado un video o lo ha hecho apenas un par de veces. Si bien la meta es lograr un posicionamiento fuerte de manera orgánica, la primera meta es postear un video. Uno. Y divertirse haciéndolo, aunque pocas personas lo vean. Para mí, es fascinante ver cómo la autoconfianza de mis estudiantes empieza a crecer cuando ellos logran esa primera submeta y se atreven a hacer otro video. Como resultado, 8 o 10 videos después están haciendo una transmisión en vivo y su autoconfianza sigue en aumento. Tienen "saber positivo", o sea, saben que pueden hacerlo.

Cuando te traces una meta, no te preocupes por cómo lograrla o si serás capaz de ello. Más bien, enfócate en lograr tu primera submeta y verás que el siguiente paso será más claro y más fácil de dar.

Mucha gente de la generación X (como yo, que soy modelo 72) y baby boomers (como mi esposo, que es modelo 63) se agobia con la tecnología. Nosotros no fuimos la excepción. ¿Recuerdas que en el capítulo anterior te conté cuando la gente más joven que nosotros hablaba de ya no tener Myspace y entrar a la red nueva que en esa época era Facebook, y nosotros no sabíamos por dónde empezar?

El hecho es que, una vez decidimos nuestra meta de tener un negocio digitalizado, dimos el primer paso y nos fuimos a una convención de marketing digital en Santa Clara, California. No entendíamos ni la mitad de lo que estaban explicando, pero salimos con algo claro: el siguiente paso. Luego, de paso en paso llegamos a las metas más grandes.

Brian

4. Compararte con otros. Leon Festinger, de la Universidad de Harvard, desarrolló la teoría de la "comparación social". Festinger concluyó que los seres humanos no nos comparamos, ni comparamos nuestros logros con la sociedad en general, sino que nos comparamos con personas que conocemos. Lo hacemos para determinar qué tan bien lo estamos haciendo.

Dicho de otro modo, para sentirnos ganadores, debemos estar seguros de que lo estamos haciendo igual de bien o mejor que cualquier otra persona que conozcamos y con la que podamos identificarnos. Cuando tienes la opción de compararte con otros en tu campo de acción o en un círculo social, estás más satisfecho con la persona que eres y te sientes ganador en tu área de acción.

Las personas que tienen éxito en la vida y se sienten plenas no se comparan con su grupo de referencia, sino con personas más exitosas que ellas para constantemente trabajar en mejorar. De ahí que lean y estudien el éxito, y que trabajen arduamente para lograr lo que otros han logrado e incluso para superarlos. Además, las personas exitosas llegan al punto en el que compiten solo con ellas mismas y con sus propios logros pasados. Esto sucede después de que ya han llegado a la cima y han dejado atrás a muchos de sus competidores menores.

> **Las personas que tienen éxito en la vida y se sienten plenas no se comparan con su grupo de referencia, sino con personas más exitosas que ellas para constantemente trabajar en mejorar.**

5. Recibir reconocimiento de otras personas a quienes respetas. Para sentirte realmente bien contigo mismo necesitas los elogios y el reconocimiento de las personas que valoras y

admiras, como tu jefe, tus compañeros de trabajo, tu cónyuge y las personas que hacen parte de tu círculo social.

De hecho, una de las mejores definiciones de autoestima es "el grado en que te consideras digno de elogio" o "digno de cumplidos". Cada vez que eres reconocido y elogiado por cualquier logro realizado, por alguien cuya opinión es importante para ti, tu autoestima aumenta. Te sientes orgulloso y feliz. Estás motivado e inspirado para hacer aún más y mejores cosas.

6. Recibir recompensas. Es posible que trabajes en un área en la que recibes bonificaciones financieras, premios, símbolos de estatus, oficinas más grandes, automóviles lujosos o incluso placas y trofeos como reconocimiento a tus logros. Cualquiera o todas estas recompensas suelen tener un efecto poderoso en tu autoestima y en la manera en que te desempeñarás de ahí en adelante.

Sin embargo, si tu situación actual no te ofrece las recompensas tangibles o intangibles que son esenciales para desarrollar y mantener tu autoestima, tú mismo puedes crear recompensas para ti mismo. Una de las cosas más útiles que puedes hacer es diseñar una estructura en la que te recompenses tanto por logros pequeños como grandes. Esta estrategia te mantendrá positivo y con mucha energía a medida que vas avanzando hacia tus metas.

Con frecuencia, los vendedores que prospectan por teléfono se autoinvitan a una taza de café después de cada 10 llamadas. Después de 25 llamadas, salen a caminar por los alrededores o a darle una vuelta al vecindario. Después de 50 llamadas, se van a almorzar. Cuando logran un cierto número de citas o ventas, se recompensan con algún premio que hayan predeterminado, como salir a cenar a un lugar especial o comprar esos zapatos de marca que tanto quieren. Cada una de estas recompensas sirve como un incentivo y un reconocimiento personal que los motiva a repetir un magnífico desempeño. El resultado final es un mayor entusiasmo y una mayor autoestima.

Establece tu propia estructura motivacional que te ofrezca los seis elementos para el desarrollo de tu autoestima: tener metas claras, tener estándares y valores bien definidos, tener experiencias de éxito, compararte con otros, recibir reconocimiento de personas a quienes respetas y recibir recompensas. Asume la plena responsabilidad de desarrollar y mantener en óptimo nivel tus sentimientos de autoestima y de valía personal. No esperes a que alguien más venga y lo haga por ti.

Hay otra parte de la construcción de la autoestima que se vincula con todo lo visto en este capítulo hasta ahora y es la "autoestima basada en el rendimiento". En realidad, te agrada ser quien eres y te respetas a ti mismo cuando sabes, en lo más profundo de tu corazón, que eres el mejor haciendo algo que es importante para ti. Los sicólogos llaman a esto el "sentido de autoeficacia". Vince Lombardi manifestó: "La calidad de tu vida estará determinada por el nivel de tu compromiso con la excelencia, sin importar cuál sea tu campo de acción elegido".

Por supuesto, es posible que *te agrades* en abstracto, que te consideres importante y valioso, pero esta es una forma superficial de autoestima, fácil de derribar por causa de una experiencia negativa o de una decepción.

No es posible mantener a largo plazo un buen nivel de autoestima cuando este está divorciado de un excelente nivel de desempeño. Solo puedes convencerte de que eres una persona importante y valiosa cuando sabes que tu desempeño en lo que haces es óptimo. Por eso, es tan importante para ti hacer el esfuerzo, superar los obstáculos y pagar el precio que hay que pagar para ser excelente en lo que haces. Cuando estás convencido del alto nivel en que te desenvuelves, te sientes fenomenal. Disfrutas de una alta autoestima y de un optimismo que te convierten en el tipo de persona con la que todos quieren estar.

Como verás, tu autoestima es la parte más importante de tu personalidad. Desarróllala, trabajando en ella de manera sistemática, día a día y hora tras hora, haciendo las cosas que hacen que te sientas maravilloso contigo mismo y que te desempeñes al máximo posible. Quererte y creer en ti es la base de una autoestima saludable y el punto de partida de una gran felicidad y de tu éxito en todo lo que te propongas.

En lugar de estar preocupado, con miedo al fracaso y a perder, como la mayoría de las personas, enfócate en las posibilidades maravillosas que tienes frente a ti. Con metas claras y pista para correr, te irás convirtiendo en una persona orientada al éxito e irás aumentando gradualmente tu autoconfianza hasta que haya muy pocas cosas a las que no te atrevas.

Puedes aumentar tu confianza en ti mismo en un solo instante, con el simple hecho de comprometerte a ser excelente en tu campo. Cuando quemas los puentes mentales detrás de ti y decides pagar el precio, hacer los sacrificios necesarios e invertir tiempo o dinero para ser el mejor en lo que haces, te conviertes en una persona diferente. Inmediatamente, te separas del individuo promedio que se va de un trabajo a otro y acepta la mediocridad como su estándar habitual de vida.

Margarita

Brian acaba de mencionar una palabra clave que ha cambiado mi vida: estándar. Al principio de mi vida adulta, mis estándares eran muy bajos, tanto en mis logros profesionales como en mi salud e incluso en la manera en que me vestía y cuidaba de mi apariencia física. Cuando elevamos nuestros estándares y nos negamos a aceptar como nuestro cualquier resultado que esté por debajo de ellos, encontramos la energía y la motivación constante que necesitamos para lograr nuestras metas. Mira tu alrededor y pregúntate:

✓ ¿Cuáles son mis estándares?

✓ ¿Cuánto tiempo al día dedico para ser mejor?

✓ ¿Cómo me estoy cuidando?

✓ ¿Qué relaciones he aceptado en mi vida?

✓ ¿Qué problemas financieros acepto?

✓ ¿Por qué no he elevado mis estándares?

En todas estas preguntas esta implícita la Ley de Causa y Efecto. Todo lo que no te gusta en tu vida lo has causado tú. Los resultados solo están ahí para darte retroalimentación. El balance que no te gusta en esa cuenta bancaria te está dando retroalimentación; te está diciendo: "Eleva tus estándares".

> **Todo lo que no te gusta en tu vida lo has causado tú. Los resultados solo están ahí para darte retroalimentación. El balance que no te gusta en esa cuenta bancaria te está dando retroalimentación; te está diciendo: "Eleva tus estándares".**

Entonces, aplica la Ley de Mejora Incremental, que sostiene que tú tienes la capacidad de ser excelente en cualquier área que te lo propongas, incluso en la de generar altos ingresos o construyendo mejores relaciones interpersonales.

Lo primero que necesitas hacer es decidir que vas a elevar tus estándares en esa área específica. Lo segundo es mejorar todos los días, estudiando a personas que ya han logrado lo que tú quieres lograr en ese momento y actuando como ellas una y otra vez hasta que lo logres.

¿Dónde necesitas elevar tus estándares? Para mí, era en mis ingresos. Se me había vuelto un estándar de vida hacer tarde mis pagos, mantener mis tarjetas de crédito copadas y no tener inversiones más allá de la casa hipotecada donde vivía. Es más, me parecía normal no tener dinero suficiente en el banco para sobrevivir una semana. Ya te imaginarás los niveles de estrés y el tipo de vida que se lleva cuando tienes estándares tan bajos. Nada cambió hasta que mi esposo y yo dijimos: "¡No más! Vamos a elevar nuestros estándares, vamos a vivir con dinero suficiente en el banco todo el tiempo y con inversiones que multipliquen nuestros esfuerzos". Fue entonces cuando empezamos a educarnos en ventas para elevar nuestros ingresos. Pusimos todo nuestro esfuerzo en quintuplicar lo que ganábamos y no en recortar nuestros gastos.

Ahí, aprendimos de Brian cómo disparar nuestras ventas y nunca más volvimos a dormirnos en nuestros laureles, a echar culpas, ni a quejarnos. Tomamos el toro por los cuernos y, estudiando y aplicando una y otra vez los pasos que ya le habían dado éxito a Brian, empezamos a ver cómo nuestras finanzas daban un giro positivo total.

Brian

Hace algunos años, un joven llamado Tim vino a uno de mis seminarios. Era tímido e introvertido. Me saludó de manos y el contacto fue débil, mostrando además una enorme dificultad para hacer contacto visual. Tim estaba sentado en la parte de atrás de la sala de conferencias con la cabeza agachada, tomando notas. Parecía tener pocos amigos y no socializaba mucho en los descansos.

Al final del seminario, Tim se acercó a mí y me dijo que estaba trabajando en el campo de las ventas y que, hasta ese momento, no estaba haciendo grandes logros. Por eso, él había resuelto cambiar, trabajar en sí mismo, superar su timidez y convertirse en un excelente vendedor. Luego, se despidió y le deseé la mejor de las suertes, mientras seguía su camino.

Un año más tarde, Tim regresó a tomar el seminario una vez más, pero esta vez, él era visiblemente diferente. Lucía más tranquilo y seguro de sí mismo. Todavía era un poco tímido, pero, cuando estrechó mi mano, su agarre fue más firme y su contacto visual también lo fue. Se sentó hacia el centro de la sala de seminarios e interactuó con las personas que lo rodeaban. Una vez más, al final del seminario, me dijo que estaba empezando a ascender en sus ventas y que había tenido su mejor año. Estaba decidido a hacerlo aún mejor el próximo año.

Pasó el tiempo y, unos 14 meses después, Tim regresó al seminario. Esta vez, trajo consigo a cinco miembros de su compañía a quienes había convencido de asistir junto con él. Incluso se había ofrecido a pagarles el seminario si al final ellos no se sentían satisfechos con todo lo aprendido. Cuando me vio, Tim caminó hacia mí y me estrechó la mano con firmeza, mirándome directo a los ojos y con una gran sonrisa. En otras palabras, Tim se veía bastante seguro de sí mismo.

Me preguntó si lo recordaba, y le respondí que lo recordaba muy bien. Luego, me dijo que había traído algo que quería mostrarme. Sacó de su bolsillo una copia de una carta del presidente de una corporación nacional, una de las compañías más grandes del país, escribiéndole personalmente y felicitándolo por el excelente trabajo que había realizado en las ventas a lo largo y ancho de la zona asignada, durante el pasado año.

Resulta que Tim había ascendido del puesto #33 al puesto #1 en ventas, en un equipo de 42 vendedores. Sus ingresos aumentaron de $26,000 dólares al año a $98,000 en tres años. Había aumentado su volumen de ventas a un ritmo más rápido que cualquier otro integrante de la fuerza de ventas de su empresa a nivel nacional. Tim había tomado la decisión de hacer lo que fuera necesario para superar su timidez y desarrollar el tipo de personalidad que tanto admiraba en los demás. Al elevar su autoconfianza, creer en sí mismo e invertir en su desarrollo, Tim le había dado un giro de 180 grados a su vida y había casi cuadruplicado sus ingresos.

Quizás, el resultado más maravilloso de desarrollar altos niveles de autoconfianza es el impacto que tu personalidad tendrá en tus relaciones interpersonales. Tu nivel de autoconfianza bien puede ser una de tus características más atractivas.

Existen dos leyes mentales que siempre están operando en tu vida y que determinan gran parte de lo que te sucede en tus interacciones con otras personas. La primera es la Ley de la Atracción, que afirma que, inevitablemente, atraerás a tu vida a personas y circunstancias que estén en armonía con tus pensamientos dominantes. La segunda ley es la Ley de la Correspondencia, que sostiene que tu mundo exterior es un espejo de tu mundo interior.

En combinación, lo que estas dos leyes sostienen es que, a medida que cambies positivamente, te encontrarás rodeado de personas que se parecen mucho a la nueva persona en la que te estás convirtiendo. Es decir, a medida que mejores como persona, la calidad y la cantidad de tus relaciones mejorarán en la misma proporción. Conocerás gente más segura de sí misma, más interesante y agradable. Te llevarás mejor con tu pareja y con miembros del sexo opuesto. Te encontrarás haciendo mejor tu trabajo y llevándote mejor con tu jefe y tus compañeros. Tu actitud de confianza y seguridad te hará más atractivo para las otras personas. Muchos querrán estar cerca de ti, abrirte puertas y poner a tu disposición oportunidades que no se te habían presentado cuando no te sentías tan seguro de ti mismo.

Con frecuencia, las personas carecen de confianza en sí mismas, en sus relaciones con los demás, porque se comparan o les da miedo no agradarles a quienes las rodean.

Hay algunas cosas importantes que podrías hacer para mejorar tus relaciones interpersonales y llevarlas de una manera relajada y segura.

Para empezar, cuando tengas claras tus metas y tus valores, y estés haciendo un buen trabajo en tu campo elegido, es natural que experimentarás niveles más altos de autoestima y de confianza en ti mismo. Te gustará más la persona en la que te estás convirtiendo y, como consecuencia, te gustarán y aceptarás más a otras personas. Serás mucho menos sensible a lo que pueden o no estar pensando los demás y te mostrarás mucho más positivo y atento en tus interacciones con ellos. Las personas que realmente se quieren a sí mismas tienden a tener mucha confianza en sus relaciones interpersonales. A pesar de que tienen en cuenta las actitudes y opiniones de otros, no se dejan afectar por ellos.

> Las personas que realmente se quieren a sí mismas tienden a tener mucha confianza en sus relaciones interpersonales. A pesar de que tienen en cuenta las actitudes y opiniones de otros, no se dejan afectar por ellos.

En tus interacciones, recuerda que cada uno piensa en sí mismo la mayor parte del tiempo, no en ti, ni en lo que estás haciendo. De modo que deshazte de tus sentimientos de inseguridad, enfocándote en la persona que está hablando contigo, hazle preguntas sinceras y escucha atentamente sus respuestas.

Margarita

> A menudo, se me acercan personas que quieren ser conferencistas o crecer en sus redes sociales y me preguntan qué hago yo para no sentirme nerviosa ante una cámara o frente a una audiencia grande en una conferencia. La respuesta está en el consejo que acabas de recibir de Brian: "Enfócate en los demás".

Así es, cuando era una principiante en el mundo de las comunicaciones, me preocupaba mucho por el "qué pensarían los demás". ¿Lo iré a hacer bien? ¿Estoy bien peinada? ¿Me queda bien este pantalón? ¿Uso notas o no uso notas? Este tipo de conversación conmigo misma solo aumentaba mi inseguridad.

Finalmente, entendí que no se trataba de mí y que subir a un escenario o hablar en un medio de comunicación o por redes sociales era un privilegio que se me había dado para servirles a los demás. Con eso en mente, entendí que lo esencial no era cómo yo luciera, ni qué pensarían de mí, sino cómo iba a servirles a todos los asistentes que habría allí, frente a mí, dispuestos a escucharme. Entonces, decidí ser la "mujer invisible" para mí misma y poner todo mi enfoque en ellos, no en mí. Obviamente, estaría muy preparada (y muy bien presentada y bien peinada, jeje), pero una vez estaba en el escenario, mi enfoque era servirle a la gente. Y sigue siendo así hasta el día de hoy.

Brian

En lugar de tratar de impresionar a las personas, busca razones para sentirte impresionado por ellas. En lugar de intentar que la gente se interese en ti, muestra un interés genuino en quienes te rodean. Sé un oyente activo e involucrado en la conversación.

Cuanto más te concentres en tu interlocutor, más relajado y seguro de ti mismo te sentirás, tus inseguridades se evaporarán y te sentirás relajado y feliz.

Recuerda que *nadie puede afectar tus pensamientos o sentimientos* a menos que haya algo que tú quieras de ellos o algo que desees que se abstengan de hacer. Cuando empiezas a practicar este tipo de desapego y decides que no hay nada que desees o esperes de las otras personas, descubres que su capacidad para afectar tu autoconfianza se reduce considerablemente. Las personas más exitosas en el área de las relaciones humanas son las que practican un desapego tranquilo y saludable de los demás, y aunque son amigables y se involucran en la conversación, no permiten que los comportamientos de otros determinen cómo ellas piensan ni cómo sienten sobre sí mismas.

> *Nadie puede afectar tus pensamientos o sentimientos* a menos que haya algo que tú quieras de ellos o algo que desees que se abstengan de hacer. Cuando empiezas a practicar este tipo de desapego y decides que no hay nada que desees o esperes de las otras personas, descubres que su capacidad para afectar tu autoconfianza se reduce considerablemente.

Margarita

Soy una fiel convencida de que la mayoría de las personas son buenas, tienen metas y miedos como todas las demás y en general no quieren hacernos daño. Pero, a veces, se nos cruza en el camino alguien que está herido y la gente herida hiere. Una historia que me encanta para ilustrar el desapego emocional del que habla Brian es esta:

Dos amigas iban en un auto, rumbo a un restaurante. El semáforo que tenían en frente se puso en rojo y ellas quedaron de primeras en la fila del tráfico. Cuando el semáforo empezó a cambiar a amarillo, el señor de atrás decidió pitar insistentemente para que ellas se apuraran. La amiga que iba manejando arrancó tranquila y de repente el hombre las pasó, les gritó y se les atravesó bruscamente. La mujer no tuvo otra opción más que tirar su carro fuera de la carretera.

Muy nerviosas ambas, la que iba manejando detuvo el carro y le preguntó a su amiga: "¿Estás bien?". "¿Bien? ¿Cómo voy a estar bien? ¡Viejo desgraciado, vamos a perseguirlo, no puede ser! ¿Cómo estás tú tan tranquila? ¿Por qué no le pitaste o lo insultaste?".

La amiga que está serena le contesta: "¿Ves ese camión de basura que va allá en la carretera?". "Sí, lo veo. ¿Qué tiene que ver con lo que estamos hablando?". "Que, igual que ese camión, mucha gente va por la vida cargando basura, buscando a alguien que se les cruce en el camino para descargar su basura en ellos.

Por eso, cuando alguien quiere tirar su basura sobre mí, yo no se la recibo, ni me amargo el día, ni le permito que me robe la paz. Vámonos tranquilas al restaurante que nada nos pasó y no nos dejemos robar este momento por una persona que no tiene paz".

Así es, mis amigos, desprendimiento emocional. No te enganches en las actitudes de otros. Total, tú no eres la alcaldía de tu ciudad para andarles recogiendo la basura emocional a los demás. No pongas la llave de tu tranquilidad, ni de tu felicidad en el bolsillo de otras personas.

No te enganches en las actitudes de otros. Total,
tú no eres la alcaldía de tu ciudad para andarles
recogiendo la basura emocional a los demás.
No pongas la llave de tu tranquilidad, ni de tu
felicidad en el bolsillo de otras personas.

Brian

Sabiendo que hay enormes beneficios que surgen del desarrollo y el mantenimiento de un alto nivel de autoconfianza, mucha gente me pregunta: "¿Por qué es que más personas no trabajan en lograr niveles de autoconfianza que les permitan llevar una vida feliz, saludable y próspera?".

Hay dos razones principales. Los grandes enemigos de la felicidad humana siempre han sido los mismos: el miedo y la duda, viajando juntos e interfiriendo en la felicidad a cada paso que damos. Son nuestros miedos y dudas, más que cualquier otra cosa, los que disminuyen nuestra autoestima y autoconfianza y nos hacen pensar negativamente sobre nuestras posibilidades y sobre nosotros mismos.

Magnificamos las dificultades y minimizamos las oportunidades. Nos preocupamos por las pérdidas que podríamos sufrir y por las críticas que podríamos enfrentar. En lugar de actuar con audacia, nuestros miedos y dudas nos paralizan, disminuyendo nuestra autoestima y haciéndonos pensar y hablar en términos negativos. Esto probablemente describe a la gran mayoría de las personas. Están tan preocupadas con sus miedos que tienen poco tiempo para lo demás. Estos miedos se manifiestan en sus conversaciones y en gran parte de lo que dicen y hacen.

El único antídoto real para la duda, el miedo y la preocupación, así como para todas las emociones negativas que sabotean nuestra confianza en nosotros mismos, es la acción. Tu mente consciente solo puede mantener un pensamiento a la vez, sea este positivo o negativo. Cuando te enfocas en tomar acciones con propósito, congruentes con tus valores, en la dirección de tus metas, usando y estirando tus habilidades al máximo, tus miedos y dudas desaparecen. No puedes evitar sentirte más positivo y confiado.

Tal vez, no haya nada más importante para ti que un desarrollo consciente y deliberado de tu autoconfianza y tu autoestima. Los niveles altos de autoconfianza suelen abrirte un mundo de posibilidades ilimitadas. Aumenta tu autoconfianza caminando, hablando, pensando y actuando como la persona segura de sí misma que deseas ser.

Actúa como si fuera imposible fallar. Como si ya tuvieras un nivel inquebrantable de autoconfianza. Además, pregúntate a cada instante: "¿Qué gran cosa me atrevería a soñar si supiera que no puedo fallar?". Cualquiera que sea tu respuesta, puedes tenerla si puedes soñarla y si tienes la confianza en ti mismo para salir tras de ella y no parar hasta obtenerla.

Actúa como si fuera imposible fallar. Como si ya tuvieras un nivel inquebrantable de autoconfianza. Además, pregúntate a cada instante: "¿Qué gran cosa me atrevería a soñar si supiera que no puedo fallar?".

Margarita

Lo que has aprendido en este capítulo es de excesiva importancia. No desarrollar tu autoconfianza te costará millones, te costará felicidad y relaciones espectaculares. Cree en ti, cree mucho en ti. Toma acción y háblate de manera constructiva siempre. Sé tu mejor amigo o amiga y recuerda que tu configuración de fábrica es: ¡Imparable!

> **Cree en ti, cree mucho en ti. Toma acción y háblate de manera constructiva siempre. Sé tu mejor amigo o amiga y recuerda que tu configuración de fábrica es: ¡Imparable!**

CAPÍTULO 4

Encuentra tu verdadera misión y tu propósito en la vida (Automotivación)

"Trabajar duro por algo que no te importa se llama estrés. Trabajar duro por algo que amas se llama pasión".

Simon Sinek

Brian

Las preguntas más importantes que debes hacerte en tu viaje por la vida son:

✓ "¿Por qué estoy aquí?"

✓ "¿Qué es lo que *realmente* quiero en la vida?"

✓ "¿Hacia dónde voy?"

✓ "Si logro todas mis metas, ¿cómo será mi vida?

La Regla 80/20 afirma que el 20% de las cosas que haces representará el 80% de tus resultados.

Las personas más exitosas y felices tienden a ser aquellas pocas que pasan la *mayor parte* del tiempo pensando en *quiénes* son y en *lo* que quieren lograr. Constantemente, analizan sus acciones y lo hacen a la luz de sus metas y deseos. Además, se aseguran de que, "al ascender por la escalera del éxito, esta se encuentre apoyada en el edificio correcto".

En este capítulo, te daré una serie de ideas y preguntas útiles para determinar tu verdadero propósito en la vida. Te garantizo que tu voluntad y tu capacidad de meditar en ellas y responderlas tendrán más impacto en tu felicidad y en tu éxito a largo plazo que cualquier otra cosa que hagas.

¡El punto de partida de tu grandeza personal es que te des cuenta de que *eres* realmente extraordinario! Nunca ha habido nadie en todo el universo como tú. Tienes cualidades, habilidades, aptitudes, percepciones e ideas notables que te hacen diferente y, de alguna manera, *superior* a todos los demás habitantes que han vivido en este universo. Ahora mismo, tú tienes la capacidad dentro de ti para lograr más de lo que ya antes has logrado. Estás diseñado para ser un "organismo de éxito" capaz de hacer las cosas que te traerán cada vez más abundancia y la felicidad que deseas.

La gran tragedia es que la mayoría de las personas pasa por su vida funcionando muy por debajo de sus verdaderos potenciales y un día mueren sin haber disfrutado de la calidad de vida para la cual nacieron. Muchos reaccionan y responden a presiones y eventos, a padres y jefes, a cuentas por pagar y a una montaña de responsabilidades hasta que esta forma de vida se les vuelve automática e incuestionable. En otras palabras, la gente casi nunca se toma el tiempo para sentarse en silencio y pensar qué es lo que realmente quiere para sí misma.

Margarita

Encontrar mi propósito de vida cambió para siempre mi existencia, mi sentido de logro, mi salud, mi motivación y mi energía física, y también cambiará la tuya. ¿Puedes creerlo? Tener claridad en una sola cosa tiene la capacidad de generar un cambio a*sí de impactante* en tu vida. Después de sufrir de depresión y ansiedad encontré en Dios, en los libros y en la guía de mi esposo una luz enorme y empecé a mejorar a *pasos de gigante*.

En un solo instante, entendí que ese momento tan difícil en mi vida no me había sucedido *a* mí, sino que había sucedido *para* mí. Me dio mi propósito de vida: "Ayudar a las personas a vivir una vida fantástica y abundante, emocional y financieramente". Entendí que lo que yo había sufrido tenía una razón y era hacer todo lo posible para guiar a aquellos que estaban sufriendo por sus emociones desbordadas, su baja autoestima y su falta de herramientas para manejar su mundo interior. (En el Capítulo 6 te hablaré a fondo de cómo encontrar paz y tomar control de tus emociones).

Te cuento esto porque saber por qué haces lo que haces, entender la verdadera razón intrínseca, te volverá imparable. Una cosa es trabajar solo por dinero, aunque obviamente el dinero es muy importante, pero otra muy distinta es hacerlo cuando tienes un sentido grande de propósito. Verás, en esos días en que siento las cobijas calientitas y no me quiero parar de la cama, es mi propósito el que hace que me levante de un brinco, feliz y lista para abordar el día. ¿Cómo lo hago? Me pregunto: "¿Margarita, quién te necesitará hoy al 100%? ¿Habrá alguien allá afuera hoy que necesita oír de ti porque está sufriendo y tú te quieres quedar dormida?". Tener esto claro me da toda la energía que necesito para encender motores y empezar el día con la mejor actitud. Y, ¿qué tal cuando se me presenta un obstáculo? ¿Alguna vez has querido tirar la toalla? Creo que a todos nos ha pasado. En ese momento, me recuerdo: "Tú no puedes parar, no se trata solo de ti. Hay personas que necesitan oír lo que tú sabes y necesitan tu ayuda". Te garantizo que, si yo no tuviera claro mi propósito, no superaría con tanta certeza y energía los desafíos que aparecen en el camino. Y a ti te pasará lo mismo una vez que lo tengas claro.

Oprah Winfrey dijo una vez que hay personas que encuentran su propósito, mientras que a otras su propósito las encuentra a ellas. Pues, a mí, me atropelló en la cara y me revolcó en el suelo, pero me levantó y ahora es lo que me emotiva, me levanta y me hace feliz. A veces, algo que sufres o sufriste es tu propósito encontrándote.

Entonces, empieza siempre con el "por qué". Saber por qué haces lo que haces te dará más energía física y motivación que cualquier otra cosa. Y, si te ha costado encontrar tu "por qué", no te des por vencido, pregúntate todos los días: "¿Qué impacto quiero causar con lo que hago?".

¿Alguna vez te has sentado a hablar con un niño de 3 o 4 años? Si lo has hecho, sabes que debes ir preparado para una larga sesión de preguntas que empiezan con ¿por qué? Puedes hacer lo mismo cuando quieres encontrar el propósito de lo que haces y verás como cada "por qué" te llevará a encontrar las razones más profundas de tu corazón.

Aquí, te doy un ejemplo:

Supón que yo le pregunto a una persona:

1. ¿Por qué quieres iniciar un negocio?

Porque quiero ser dueño de mi tiempo, no tener jefe.

2. ¿Por qué quieres ser dueño de tu tiempo y no tener jefe?

Porque no me gusta que me digan qué tengo y qué no tengo que hacer.

3. ¿Por qué no te gusta que te digan qué tienes y qué no tienes que hacer?

Porque, cuando haya un evento importante para mi familia, quiero estar ahí.

4. ¿Por qué quieres estar ahí cuando haya un evento importante en tu familia?

Porque ellos son los más importante en mi vida y mi empleo me consume mucho tiempo.

5. ¿Por qué son ellos lo más importante en tu vida?

Porque son mi razón de ser, mi motor, lo que más quiero.

Si esta persona se quedara creyendo que su razón para emprender era "no tener jefe", se daría por vencido rápidamente. Emprender es tan fascinante como desafiante y esa razón puede no ser lo suficientemente poderosa para seguir adelante en momentos retadores. ¿Un mes entero te salió todo mal? De repente, el exjefe no te parece tan malo y quieres volver donde él a pedirle tu empleo de regreso. Pero, si tu propósito de emprender va más a allá de no tener jefe: es tu familia, tu pareja y tus hijos, verlos crecer, estar ahí para ellos, entonces, eso te da un sentido de misión más profundo que hace que nada te detenga. Cuando vienen los desafíos, te recuerdas: "¡Lo estoy haciendo por ellos, para estar con ellos y este reto que estoy viviendo no me va a detener!".

Tómate unos minutos y pregúntate varias veces por qué haces lo que haces y profundiza hasta donde puedas hasta que encuentres la razón que más te motiva.

Hablando de propósito, permíteme hacerte una pregunta: ¿Te gustaría apoyarme en mi misión de ayudarles a las personas a vivir una vida mejor? Lo que te voy a pedir no te costará dinero y te tomará 60 segundos.

Esta es la manera en que puedes ayudarme a ayudarles a otros a vivir mejor y lograr sus metas: si hasta aquí te ha parecido valioso este libro, ¿podrías dejar una reseña honesta para que otros se animen a leer *Pasos de gigante*? La razón por la cual te pido esto es porque la gente sí juzga un libro por su portada y sus reseñas y, si tú nos ayudas, sabemos que muchos más hispanos podrán contar con esta información y cambiar su vida.

Entonces, si estas en Kindle, vete a la última página del libro y de inmediato te saldrá la opción de dejar allí tu reseña.

Si estás en Audible, haz un clic en los 3 puntos que hay arriba, a la derecha de tu dispositivo. Luego, haz un clic donde dice calificar o *rate and review.*

Si tu libro es físico, entra a tu cuenta de Amazon y deja allí tu reseña.

Tu apoyo contribuirá a ayudarles a otros a:

✓ Creer en sí mismos

✓ Eliminar sus miedos

✓ Tomar control de su mente

✓ Encontrar su propósito

✓ Disfrutar de una vida abundante a nivel emocional y financiero

¡Gracias por tu ayuda!

Brian

Una de las cualidades de los líderes es que ellos "saben quiénes son". Los líderes son triunfadores que se han tomado el tiempo para tener total claridad acerca de lo que ellos representan y creen. Por eso, saben hacia dónde van y cómo llegar allí.

Te pusieron en esta tierra para hacer algo maravilloso con tu vida. Tu trabajo es descubrir qué es eso maravilloso y luego poner todo tu corazón en hacerlo extremadamente bien. Tu vida puede tener un solo propósito, como el de la Madre Teresa de Calcuta. Sin embargo, también puede tener múltiples propósitos secuenciales, uno tras otro, a medida que evolucionas, creces y te conviertes en una persona cada vez mejor.

La única característica común de los hombres y mujeres más exitosos es su *claridad*. Su absoluta claridad acerca de lo que representan y creen, y saben a ciencia cierta hacia dónde se dirigen. Tú también debes lograr esta claridad.

¿Cuál es el "deseo de tu corazón"? El deseo de tu corazón se define como la única cosa especial que te pusieron a hacer en esta tierra. Es algo importante para lo cual estás preparado de manera inigualable y por tanto lo harás con el máximo grado de excelencia. A lo largo de tu vida, tu objetivo principal debe ser descubrir ese deseo de tu corazón. Solo entonces, serás verdaderamente feliz, completamente exitoso y te sentirás totalmente satisfecho. ¿Cuál es el deseo de tu corazón?

Empieza a descubrirlo al iniciar tu búsqueda, como los Caballeros de la Mesa Redonda que buscan el Santo Grial. Tu trabajo también es encontrar tu propio Santo Grial. Comienza, respondiendo esta pregunta: *"¿Qué gran cosa te atreverías a soñar si supieras que no puedes fallar?"*.

Permítete soñar y soñar grandes sueños. Como ejercicio, imagina por un momento que no tienes ninguna limitación. Imagina que podrías ser, tener o hacer cualquier cosa que puedas desear en todo el mundo.

Imagina que tienes todo el tiempo disponible para ti y todo el dinero que quieras. Imagina que tienes toda la educación y experiencia que se requieren para tener éxito en todo lo que intentas. También tienes todos los amigos y los contactos necesarios para abrir cualquier puerta o hacer cualquier introducción. Tienes todas las oportunidades y recursos para aprovechar cualquier posibilidad. Tienes todo lo que podrías desear o soñar para lograr cualquier meta que quieras establecer para ti. Solo imagina que no tienes ninguna limitación.

Ahora, si no tuvieras límites sobre lo que pudieras ser, hacer o tener, ¿qué metas te pondrías? Si tuvieras la garantía de un éxito abrumador en cualquier meta que eligieras, grande o pequeña, a corto o largo plazo, ¿cuál elegirías para tu vida? Tu respuesta a esta pregunta te dirá más sobre tu verdadera personalidad y tu carácter que todas las pruebas sicológicas que puedas realizar.

La dificultad con la mayoría de las personas es que se estancan en el pensamiento estrecho y restrictivo de la vida cotidiana. Cuando la persona promedio mira de vez en cuando hacia las estrellas y vislumbra lo que realmente le gustaría hacer, de inmediato, empieza a pensar en todas las razones por las que eso no es posible lograrlo. Nos gusta hacer caer lluvia en nuestros propios desfiles. Y si tenemos amigos o familiares que tienen sueños u objetivos, a menudo, también hacemos llover sobre sus desfiles.

Las siguientes preguntas te ayudarán a liberar tu pensamiento y a abrir los ojos a mayores posibilidades de las que jamás hayas imaginado.

Esta es la primera: "¿Qué cambios harías en tu vida si, como premio en un concurso, te ganaras un millón de dólares en efectivo, libre de impuestos?".

Imagina que recibiste una llamada telefónica para anunciarte que te ganaste un premio de un millón de dólares. Solo hay una pregunta clasificatoria que debes responder para obtener el dinero y es decirle a la persona que te llama exactamente qué cambios harás en tu vida como resultado de tener un millón de dólares en efectivo en tu cuenta bancaria. ¿Qué le responderías?

Esta suele ser una pregunta liberadora. La razón principal por la que las personas no se permiten ir tras sus sueños es porque se sienten atrapadas por sus cuentas bancarias y discapacitadas por sus limitaciones imaginarias. Pero, si imaginas por un momento que tienes un millón de dólares, también puedes imaginar que ahora eres "libre de elegir" cualquier cosa que desees ser, tener o hacer.

> **La razón principal por la que las personas no se permiten ir tras sus sueños es porque se sienten atrapadas por sus cuentas bancarias y discapacitadas por sus limitaciones imaginarias.**

A veces, cuando hacemos esta pregunta, lo primero que piensa una persona es que renunciaría de inmediato a su trabajo actual y harían otra cosa. Incluso, quienes dicen que están contentos con sus trabajos actuales pensarían en renunciar si de repente recibieran mucho dinero.

Esta es la regla: si renunciarías a tu trabajo actual en el caso de que recibieras una gran suma de dinero, lo que esto significa es que tu trabajo actual no es el trabajo con el que sueñas. A lo mejor, te topaste con él, casi por accidente, y ahora lo estás haciendo, porque lo necesitas y por los ingresos que te representa. Las personas que están en el trabajo con el cual soñaron nunca pensarían en renunciar a él, aún si ganaran mucho dinero. Solo pensarían en hacerlo de manera diferente y mejor; quizás, en un lugar diferente o con una compañía diferente. Pero no renunciarían a su trabajo.

Si tuvieras un millón de dólares en efectivo y estuvieras pensando en dejar tu trabajo y hacer otra cosa, ¿qué elegirías hacer? ¿Cuál sería ese trabajo de tus sueños?

Deja de lado por un momento el hecho de que es posible que no tengas las habilidades o la experiencia que se requieren para desenvolverte en ese campo de acción en particular. Por ahora, solo piensa en lo que más te gustaría hacer si no tuvieras limitaciones.

Ten presente que siempre te pagarán mejor y serás más feliz, haciendo algo que en verdad disfrutas. La fórmula de tres partes para tener éxito en tu vida profesional es:

1. *Saber* lo que estás haciendo.

2. *Creer* en lo que estás haciendo.

3. *Amar* lo que estás haciendo.

La fórmula de tres partes para tener éxito en tu vida profesional es:
1. *Saber* **lo que estás haciendo.**
2. *Creer* **en lo que estás haciendo.**
3. *Amar* **lo que estás haciendo.**

Las personas verdaderamente exitosas aman su trabajo. Como resultado, ponen todo su corazón en lo que hacen. En la mañana, no ven la hora de llegar a su lugar de trabajo o a su negocio o de empezar a trabajar si lo hacen desde casa. Pierden de vista la línea entre su trabajo y el ocio. Cuando no están trabajando, están pensando y hablando sobre su trabajo o negocio, así como buscando maneras de hacerlo diferente y mejor. Si tú no tienes la misma sensación con tu trabajo o negocio actual, simplemente, significa que hay otro lugar más adecuado para ti. Tu responsabilidad es averiguar cuál es.

Uno de los mejores ejercicios para ayudarte a encontrar el deseo de tu corazón, tu verdadera misión y propósito en la vida, es que crees una *visión ideal* de tu futuro. Viajemos a lo que yo llamo la "fantasía de cinco años". Avanza cinco años en tu mente e imagina que tu vida es perfecta en todos los aspectos. Imagina que, en un período de cinco años, todos los problemas de tu vida se han resuelto y que has logrado todos tus objetivos. Si tu vida fuera perfecta en todos los aspectos y te sintieras realizado y feliz en el futuro, ¿cómo sería entonces?

Si tuvieras una varita mágica, ¿qué trabajo harías o qué negocio tendrías para que tu vida fuera perfecta? ¿Cuánto ganarías? ¿En qué nivel estarías en tu profesión u ocupación? ¿Con qué tipo de personas estarías trabajando y asociándote?

Agita una varita mágica también en tu vida personal. ¿Qué estarías haciendo y con quién estarías si tu vida fuera perfecta en todos los aspectos? ¿Qué ya no estarías haciendo? ¿Con quién ya no estarías? ¿Qué tipo de estilo de vida tendrías? ¿Cómo pasarías tus días, semanas y meses? ¿Cómo sería tu salud? ¿Cuánto pesarías? ¿Qué tan en forma estarías? ¿Qué tipo de automóvil conducirías? ¿En qué tipo de hogar vivirías? ¿Cuánto dinero tendrías en el banco y cómo pasarías tus vacaciones y tu tiempo libre?

Al proyectarte hacia el futuro y permitirte soñar con tu vida ideal, comienzas a crear una visión de futuro para ti mismo. Con esa imagen clara, activarás la Ley de la Atracción, que luego actuará como un imán en tu vida. Entonces, empezarás a atraer personas, ideas y recursos en armonía con tus imágenes mentales y acorde a tus pensamientos dominantes. Es decir, tu visión del futuro te atrae hacia ella a medida que tú la atraes hacia ti.

Cuando tienes claro cómo es tu futuro ideal, tu probabilidad de lograr ese futuro aumenta dramáticamente. Todo tipo de cosas empiezan a suceder que contribuyen a que construyas ese futuro exacto que te has imaginado.

William James, de Harvard, afirmó: "El mayor descubrimiento de mi generación es saber que es posible cambiar los aspectos externos de tu vida, cambiando los aspectos internos de tu mente".

Ralph Waldo Emerson escribió: "Un hombre se convierte en aquello que piensa todo el día".

Earl Nightingale parafraseaba esto cuando dijo: "El secreto más extraño del éxito es que te conviertes en lo que piensas durante la mayor parte del tiempo".

El pensamiento es creativo. Tú creas tu vida y tu futuro por los pensamientos que piensas la mayor parte del tiempo. Cuanta más emoción les imprimas a tus pensamientos, mayor será el efecto que estos tendrán en tu vida. El aspecto más maravilloso de las metas es que las visiones emocionantes de futuro generan emociones positivas que te motivan a hacer lo que tienes que hacer para alcanzar tus metas. Te permiten crear tu propio futuro tal y como deseas que sea.

Hay tres partes de tu personalidad que determinan el tipo de persona que eres y el tipo de persona en que te conviertes. Estos son tu autoideal, tu autoimagen y tu autoestima.

1. Autoideal: Es una combinación de todas las cualidades, valores, atributos y habilidades que admiras de ti mismo y de los demás. Es tu visión del tipo de persona que serías y del tipo de vida que tendrías si todo fuera ideal en todos los aspectos.

Las personas altamente exitosas tienen autoideales claros. Saben lo que representan y creen. Tienen parámetros claros y puntos de referencia con los que comparan su comportamiento día con día. Saben lo que quieren lograr con su vida y trabajan para alcanzar sus metas todos los días. Por otro lado, las personas que no tienen éxito carecen de claridad en cuanto a sus valores e ideales y, en muchos casos, no tienen ni idea de qué es aquello en lo que creen o defienden.

Dicho de otro modo, las personas de alto desempeño tienen valores claros y positivos que ellas se niegan a comprometer o quebrantar. Las personas con desempeño promedio o bajo tienen valores borrosos que ellas comprometerían a la menor tentación.

¿Cuáles son *tus* valores? ¿En qué crees? ¿Qué representas? ¿Qué no defenderías? Tu personalidad está determinada en gran medida por la claridad e intensidad de tus valores, pues estos determinan tus motivaciones, tus creencias, tus actitudes y tus sentimientos. Tus convicciones más íntimas acerca del mundo que te rodea determinan el tipo de persona que eres, el tipo de trabajo que realizas y el tipo de personas con las que te asocias.

Margarita

Este es un punto crucial: las personas con las que te asocias. ¿Con quién pasas tu tiempo y hablando de qué? Déjame asegurarte que, si tú pasas el día con cinco personas negativas, tú serás la sexta. Si pasas el día con cinco personas anticipadoras de desgracias y criticonas, tú te convertirás en algo muy parecido. El ser humano no fue creado para nadar contra la corriente (obvio, hay excepciones como en toda regla), pero tu mente, por su naturaleza de supervivencia, quiere pertenecer, así que vas a parecerte a aquellos de los que te rodeas. Pocas cosas han impactado mi vida de una manera tan fuerte y positiva como esta. Tener mentores y a mi esposo al lado me ha permitido tener claridad en cuanto a mis valores, sé hacia dónde voy e incluso he podido cambiar hábitos destructivos que traía de mi adolescencia. Entonces, te pregunto de nuevo, ¿de quién te estás rodeando y de qué hablan?

Las personas a tu alrededor ¿se quejan y critican o se ocupan en hacer que las cosas buenas sucedan y se conviertan en acción? ¿Tienen valores parecidos a los tuyos? ¿Tienen estándares más altos que los tuyos? Busca la compañía de personas que ya hayan alcanzado los resultados que tú quieres lograr en tu vida y escúchalas. No escuches a cualquiera. Es irónico escuchar a alguien que se ha divorciado 18 veces diciéndole a la gente cómo tener un matrimonio feliz.

Elige con pinza de quién rodearte y encuentra un grupo que te motive a ser mejor, porque, si tú eres el mejor de la clase, permíteme decirte esto: estás en la clase equivocada, nada vas a aprender. Más bien, rodéate de personas que piensan más en grande que tú, que han llegado más lejos que tú y que te inspiran a ser la mejor versión de ti mismo.

Si tú eres el mejor de la clase, permíteme decirte esto: estás en la clase equivocada, nada vas a aprender. Más bien, rodéate de personas que piensan más en grande que tú, que han llegado más lejos que tú y que te inspiran a ser la mejor versión de ti mismo.

Brian

Si una empresa de investigación hiciera un estudio entre tus amigos y familiares, y les pidiera que enumeraran cuáles son tus valores principales, ¿qué dirían quienes te conocen de verdad? Según sus experiencias contigo y sus observaciones de tus comportamientos, ¿cómo definirían los demás tus valores e ideales más arraigados?

¿Cómo puede alguien describir cuáles son tus verdaderos valores y creencias? ¿Por lo que dices? ¿Por lo que deseas? ¿Por lo que pretendes hacer? No, la respuesta es que tus valores son únicos y siempre se expresan en tus acciones y comportamientos. No es lo que dices, sino lo que haces lo que en verdad cuenta. Y, sobre todo, lo que más te define es lo que haces bajo presión.

Epicteto, el filósofo estoico, escribió: "Las circunstancias no hacen al hombre; simplemente, le revelan a sí mismo quién es él".

Cuando una persona se ve presionada y obligada a elegir actuar de acuerdo a un valor o a otro, siempre actuará basada en el valor que sea predominante para ella en ese momento; es decir, de acuerdo a lo que sea más importante para ella en esas circunstancias.

A este respecto, hay un punto clave acerca de tus valores e ideales. Los valores de orden superior siempre tienen prioridad sobre los valores de orden inferior. Es decir, tú tienes toda una serie de valores sobre los cuales actúas de vez en cuando. Pero, cuando te presionan, tus valores de orden superior saldrán a flote.

¿Cuáles son *tus* valores? Escríbelos. Haz una lista de esos tres a cinco valores que consideras más importantes en tu vida. Haz este ejercicio con tu pareja o también con tu equipo de trabajo.

Siempre que hacemos planificación estratégica para corporaciones, empezamos con un ejercicio de clarificación de valores y este se convierte en la base para diseñar el plan estratégico. Cada plan y cada decisión que se va a tomar, se compara con los valores de la empresa. De ese modo, nos aseguramos de que todos estén en armonía con las verdaderas creencias de la organización.

Una vez que hayas identificado y escrito tus valores, organízalos en orden de prioridad. ¿Cuál viene primero? ¿Cuál es el segundo? ¿Cuál viene tercero? Y así.

No solo son importantes tus valores, sino también tu *orden* de valores. Este orden es fundamental para determinar el tipo de persona que eres.

Permíteme darte un ejemplo. Imagina que hay dos personas que tienen tres valores principales que son idénticos. Estos valores son familia, salud y carrera. Sin embargo, las dos los clasifican en diferente orden.

La primera persona (A), dice: "Mi familia es mi prioridad #1. Mi salud es la #2. Y mi carrera es la #3, en ese orden de importancia".

Este orden de valores significa que, cuando la presión llegue, la persona A elegirá a su familia por encima de su salud y elegirá a su familia y su salud por encima de su carrera. Cuando tienes claros tus valores, es mucho más fácil tomar decisiones.

Por su parte, la persona B tiene los mismos tres valores, solo que, en un orden ligeramente diferente, así que dice: "Mis tres valores principales son mi familia, mi salud y mi carrera, pero mi carrera es el primero, mi familia es el segundo y mi salud el tercero".

Esto significa que, cuando se vea obligada a elegir o establecer prioridades, la persona B elegirá su carrera por encima de su familia y su carrera y su familia por encima de su salud.

Ahora, te pregunto: ¿Crees que habrá una diferencia entre la persona A y la persona B? ¿Será esta una pequeña diferencia o una gran diferencia? ¿De cuál de estas dos personas te gustaría ser amigo? Creo que la respuesta es clara.

La persona A, la que dice que su familia precede a su salud y su carrera, va a ser muy diferente a la persona B, que dice que su carrera precede a su familia y su salud.

Últimamente, se ha discutido mucho sobre la "relatividad del valor". Mucha gente dice que no importa cuáles sean tus valores, porque todos los valores son simplemente una cuestión de elección u opinión. Si crees en la integridad y la compasión, dicen, estas son solo preferencias personales. Si crees en la deshonestidad y en el robo de tiendas, esta es solo otra forma de preferencia personal. Los valores no son ni buenos, ni malos. Son simplemente relativos.

Por supuesto, sabemos que esto no es cierto. Los valores no son neutrales, ni relativos. Los valores son fundamentales para la vida humana y la sociedad. Hay una forma sencilla de probar si tus valores y tu orden de valores son correctos o no y es preguntándote esto: "¿Vivir según tus valores mejora la calidad de tu vida y te hace feliz?".

Si vives con valores positivos y edificantes, serás una persona feliz, respetada, exitosa y plena. Si vives basado en valores equivocados, serás infeliz, fracasado y frustrado la mayor parte del tiempo. La determinación de tus valores y su orden de importancia para ti es la parte más fundamental para definir y aclarar tu autoideal.

2. Autoimagen: La *autoimagen* es la forma en que te ves y piensas sobre ti mismo en el momento presente. Tu imagen de ti mismo en tu interior determina cómo te comportas y te desempeñas en el exterior. La sicología de la autoimagen sostiene que puedes cambiar tu rendimiento en el exterior cambiando la imagen que tienes de ti mismo en tu interior. Esta es la razón por la cual la mejora en tu vida exterior comienza con una mejora en tus imágenes mentales. Es lo mismo que ya te explicamos Margarita y yo sobre el autoconcepto.

3. Autoestima: Tu nivel de *autoestima* tiene que ver con "cuánto te gustas a ti mismo". Tu nivel de autoestima está determinado por cuánto te valoras, te respetas y te consideras una persona valiosa. Si tienes una alta autoestima, te fijarás metas grandes y persistirás mucho más tiempo en lograrlas. Serás más agradable y popular entre los demás y disfrutarás de niveles más altos de confianza en ti mismo y orgullo personal. Cuanto más alta sea tu autoestima, más feliz y más sano estarás.

Aquí hay un descubrimiento interesante. Tu autoestima, a veces llamada "tu reputación contigo mismo" o cuánto te gustas a ti mismo, está determinada en gran medida por la congruencia que exista entre ella y tu rendimiento actual, es decir, con tu autoideal, que es tu imagen de rendimiento perfecto.

Por ejemplo, digamos que tu autoideal es que eres una excelente persona, que haces un gran trabajo y que la gente con quien trabajas te aprecia y te respeta. Siempre que *hagas* un buen trabajo y recibas la aprobación y apreciación de aquellos a quienes respetas, tu comportamiento actual y tu comportamiento ideal son congruentes. Cuando esto sucede, tu autoestima sube.

Te gustas y te respetas más. Te sientes fenomenal contigo mismo. Te sientes como un ganador.

Si tu objetivo ideal es ser exitoso y estar bien pagado, siempre que hagas un buen trabajo y ganes buen dinero, te sentirás bien contigo mismo. Cada vez que sientes que estás progresando hacia el logro de cualquier meta que te hayas fijado, provocas sentimientos de autoestima, respeto por ti mismo y orgullo personal. Es por esto que Earl Nightingale dijo que "la felicidad es el logro progresivo de un objetivo valioso".

Cuanto más claro estés con respecto a tus valores más altos, y mientras más coherente seas con esos valores, mejor te sentirás y más pronto te convertirás en una persona cada vez más poderosa y eficaz.

Una vez que hayas determinado tus valores e ideales, debes decidir qué es lo que estás destinado a hacer con tu vida. ¿Cuál debería ser tu vocación, ocupación o profesión? ¿A qué tipo de trabajo deberías dedicarte para alcanzar tus metas y tu potencial?

Cómo encontrar tu profesión ideal

Brian
_____

Hay cuatro tipos diferentes de trabajo que puedes elegir hacer. Estos suelen dividirse en función de si el trabajo es fácil o difícil de hacer y fácil o difícil de aprender. El trabajo para el que estás más preparado y tienes más talento siempre será fácil de aprender y de hacer para ti. Veamos estas cuatro categorías, una por una.

1. Para ti es difícil de aprender y difícil de hacer. Nunca lo harías con entusiasmo. Incluso si lo hicieras razonablemente bien, no obtendrías alegría en él. Esta es la situación en la que muchas personas se encuentran hoy.

2. Para ti puede ser difícil de aprender, pero es fácil de hacer, una vez que lo hayas aprendido. Por ejemplo, escribir es difícil de aprender, pero fácil de hacer. Hablar y escribir son difíciles de aprender, pero fáciles de hacer una vez que domines estas dos habilidades. Muchas de las habilidades básicas que necesitas tener para alcanzar el éxito en tu vida cotidiana entran en la categoría de ser difíciles de aprender, pero fáciles de hacer después de que las aprendes. El problema con este tipo de trabajos es que se vuelven aburridos y poco desafiantes.

3. Para ti son fáciles de aprender, pero difíciles de hacer. Cavar zanjas y cortar madera son fáciles de aprender, pero siempre son difíciles de hacer. Es trabajo físico pesado y nunca se hace más fácil realizarlo. El trabajo que es fácil de aprender y difícil de hacer ofrece un futuro muy limitado. Desafortunadamente, las personas que no reciben una educación adecuada o que no mejoran continuamente sus habilidades y conocimientos pueden terminar atrapadas en estos trabajos, a veces, durante toda la vida.

4. La cuarta categoría de trabajo es la más importante. Son aquellos trabajos que para ti son fáciles de aprender y fáciles de hacer. De hecho, son tan fáciles de aprender que olvidaste cómo los aprendiste. Es algo que te fluye hacer de manera natural.

Esta categoría contiene los tipos de trabajos en los que tienes la capacidad de sobresalir y mediante los cuales te es viable construir una vida maravillosa para ti. Cuentas con unas habilidades innatas en estas áreas, de modo que realizas tu trabajo casi sin esfuerzo y notas que mejoras y mejoras casi sin proponértelo. Aquí es donde está tu futuro.

Entonces, ¿cómo puedes determinar qué tipo de trabajo es ideal para ti? Hay cuatro conceptos sencillos que te ayudarán a encontrarlo: interés, atención, absorción y fascinación.

Interés: Siempre estarás muy interesado en el tipo de trabajo que es ideal para ti. Como es natural, disfrutarás de él y te sentirás atraído a aprender más al respecto. Te gustará leer, escuchar y hablar acerca de eso. Así como el metal es atraído hacia un imán, también tú te sentirás atraído por este tipo de trabajo.

De hecho, una de las pruebas para identificar cuál es tu campo de acción ideal es mirar hacia atrás y pensar qué actividades disfrutabas más entre los 7 y los 14 años de edad. A menudo, las actividades que más disfrutaste durante esa etapa son indicadores exactos de los trabajos que te encanta hacer hoy, en tu etapa adulta.

Si no recuerdas lo que hacías la mayor parte de tu tiempo cuando eras niño, pregúntales a tu madre o padre o a quienes te cuidaron en aquella época. Pregúntales a tus hermanos o hermanas mayores. Explora sobre algunos de tus recuerdos y actividades de tu infancia. Encontrarás señales e indicaciones que apuntan directo al deseo de tu corazón.

Atención: Tu campo de acción ideal llamará tu atención cuando estés viendo redes sociales o televisión. Te absorberá de manera fácil y natural. Escucharás fragmentos de conversaciones sobre tu trabajo ideal cuando vayas por la calle. Te sentirás atraído hacia conversaciones, personas y organizaciones que participan en esa actividad que tanto te llama la atención.

Absorción: Esta es una palabra maravillosa para describir lo que te sucede cuando estás haciendo lo que realmente sueñas hacer. El tiempo se detiene para ti. A veces, te olvidas de comer, beber, descansar o hacer pausas, porque el tiempo vuela cuando haces aquello que amas.

Hay muchas historias sobre la vida laboral de científicos, investigadores, escritores, artistas y empresarios que trabajan entre 15 y 20 horas por día, semana tras semana y mes tras mes, cuando están totalmente absortos en lo que están haciendo.

Fascinación: Es una manera extraordinaria de definir tu actitud hacia las personas y el trabajo para el cual tú eres ideal. Te fascina. Te atrapa. Te sostiene. Difícilmente, puedes esperar a llegar a tu trabajo y odias tener que irte de allí una vez terminada la jornada laboral. Además, te encanta hablar, hacer y aprender sin cesar al respecto, sin aburrirte o distraerte. Tu trabajo se convierte en una forma de juego que te da una tremenda sensación de felicidad y satisfacción cuando te involucras en él.

Siempre puedes saber si estás en el campo de acción ideal para ti, porque tienes un deseo irresistible e insaciable de aprender más y más sobre él. Las personas que más admiras son aquellas que están en la cima del éxito en esa área del saber y el hacer que te resulta tan fascinante.

> **Siempre puedes saber si estás en el campo de acción ideal para ti, porque tienes un deseo irresistible e insaciable de aprender más y más sobre él.**

¿Quiénes son tus héroes y heroínas? ¿A quién admiras más en la vida? De las personas que respetas y admiras más, ¿qué cualidades o características que ellas tienen te gustaría emular? Cuanta más claridad tengas sobre esta parte de tu autoideal y de tus modelos a seguir en tu campo ideal, más rápido evolucionarás y crecerás en dirección a convertirte en el tipo de persona que te gustaría ser y que los demás admiran y respetan.

Al determinar tu misión y propósito ideal en la vida, mira hacia atrás y evalúa tus éxitos y fracasos anteriores. ¿Qué cualidades, habilidades o atributos han sido fundamentales en la consecución de tus éxitos en la vida hasta la fecha? ¿Cuáles han sido tus mejores experiencias o momentos de mayor logro y orgullo, y qué tienen en común estos momentos?

Si haces una lista de todos los logros de los que te sientes muy orgulloso, encontrarás que estos tienen algo en común.

¿Qué habilidades admiras en los demás? Estas serán invariablemente las cualidades que más aspiras para ti mismo. Escríbelas y ponte un puntaje de 1 a 10 en cada una de ellas. Luego, haz un plan para mejorar en cada una.

HABILIDAD	PUNTAJE

¿Cuáles de estas habilidades marcaron por debajo de 8?

_____

_____

_____

Escribe acá una acción que vas a tomar para mejorar en cada una de ellas:

Habilidad a mejorar	
Acción a tomar	
Habilidad a mejorar	

Acción a tomar	
Habilidad a mejorar	
Acción a tomar	
Habilidad a mejorar	
Acción a tomar	

¿Qué habilidad, si la desarrollas muy bien, tendría el mayor impacto positivo en tu vida personal y en tu área laboral?

Habilidad que creará un mayor impacto en mi vida personal:

_____

Acciones a tomar para volverme excelente en ella:

_____

_____

_____

_____

Habilidad que creará un mayor impacto en mi vida profesional:

_____

Acciones a tomar para volverme excelente en ella:

_____

_____

_____

_____

Una vez estés seguro de cuáles son y las acciones a tomar, establece como meta volverte "excelente" en estas dos habilidades. Hacer esto te dará la capacidad de cambiar toda tu vida personal y laboral.

Margarita

Por favor, no te tomes a la ligera estas preguntas que te está haciendo Brian, pues su sencillez podría esconder lo poderosas que son.

Voy a contarte cómo han impactado mi vida. Brian te preguntó: "¿Qué habilidades admiras en los demás?". Pues, bien. En 1997, fui a una conferencia de Jim Rohn, uno de los más grandes pensadores de nuestros tiempos. Desde el instante en que lo vi, me transporté, el tiempo voló y yo sentía que podía escucharlo durante días. En ese momento, pensé: *Yo quiero comunicar como él, inspirar a otros como lo hace él.*

Al yo admirar esas habilidades en Jim Rohn, encontré mi carrera, mi propósito y el que ha sido mi trabajo por más de dos décadas. Entonces, te pregunto una vez más: ¿Qué habilidades son las que más admiras en los demás?

_____

_____

_____

Brian también acaba de preguntarte: "¿Qué habilidad, si la desarrollas muy bien, tendría el mayor impacto positivo en tu vida personal y en tu área laboral?". Esta pregunta nos la hacemos mi esposo y yo todo el tiempo y, con los años, la respuesta va cambiando, pero permíteme darte un ejemplo.

Eran principios del año 2014, la gente salía de Myspace y entraba en masa a Facebook. Yo no tenía ninguna de las dos. Es más, mi negocio no tenía una página web. Mi esposo y yo nos hicimos la pregunta que te hace Brian acá: "¿Qué habilidad, si la aprendemos muy bien, tendría el mayor impacto positivo en nuestra vida personal y en nuestro negocio?". Y lo vimos claramente: el manejo del mercadeo digital. Pues, empezamos a ser estudiantes de las habilidades para desarrollar redes y comunidades en el ciberespacio. Hoy, 10 años después, tenemos un negocio digital con presencia en más de 45 países. ¿Te imaginas? Por el simple hecho de habernos tomado el trabajo de sentarnos a pensar y a identificar con total claridad cuál era esa habilidad determinante que, si la aprendíamos bien, tendría el mayor impacto en nuestro futuro.

Brian

Regresando al tema de los valores, te haré una buena pregunta que te servirá para ayudarte a aclarar tus verdaderos valores y creencias en la vida. Imagina que fuiste al médico a hacerte un chequeo completo y ahora estás allí sentado, listo para escuchar los resultados. El médico te dice que la buena noticia es que vas a disfrutar de un excelente estado de salud física durante los próximos seis meses. La mala noticia es que, al cabo de esos seis meses, caerás muerto, debido a una enfermedad incurable.

¿Qué harías? ¿Cómo emplearías tu tiempo si supieras que solo te quedan seis meses de vida? ¿Con quién lo pasarías? ¿A dónde irías? ¿Qué harías? ¿Cómo pasarías tus días? Escríbelo acá:

_____

_____

_____

_____

_____

Tus respuestas a esta pregunta te mostrarán lo que en verdad valoras y todo aquello que es realmente importante para ti. Cuando solo tienes seis meses de vida, muchas cosas que creías importantes te resultarán irrelevantes y muchas otras que pasabas por alto se volverán más importantes que cualquier otra cosa. ¿Cómo pasarías tu tiempo si solo te quedaran seis meses de vida?

Hay dos áreas adicionales que necesitas explorar para alcanzar tu potencial y encontrar tu verdadera misión y propósito en la vida. La primera tiene que ver con tu "área de excelencia" y la segunda tiene que ver con tus "acres de diamantes".

En términos comerciales, cada empresa debe especializarse en un área de excelencia o en una ventaja competitiva, si desea sobrevivir y prosperar en el reñido mercado actual. Un área de excelencia es ese algo que una empresa hace de manera sobresaliente, mejor que la mayoría e incluso mejor que todos sus competidores. El área de excelencia es lo que diferencia a una empresa de otra, a un producto o servicio de otro.

Como individuo completamente responsable de tu vida financiera, debes verte a ti mismo como una empresa. Entonces, te pregunto: ¿Cuál es tu área de excelencia? ¿Cuál es tu ventaja competitiva? ¿Cuál es tu propuesta única de valor, el talento o la cualidad especial que tienes y que casi nadie más puede ofrecer?

_____

_____

_____

_____

_____

_____

Una de las razones principales para el bajo rendimiento en la vida es el hecho de no desarrollar una competencia o habilidad especial que te permita sobresalir entre los demás. Demasiadas personas se contentan con ser promedio o quizás un poco por encima del promedio. Rechaza esta actitud y lucha contra esta tendencia. *Más bien, determina una o dos habilidades que tú consideres que son las más importantes para tener éxito en tu profesión y luego dedícate por completo a ser excelente en ellas.* Este compromiso con la excelencia siempre ha sido el mejor camino hacia el éxito y el mayor garante de altos logros.

> **Una de las razones principales para el bajo rendimiento en la vida es el hecho de no desarrollar una competencia o habilidad especial que te permita sobresalir entre los demás.**

Una vez que hayas determinado cuál es tu área de excelencia hoy, pregúntate: "¿Cuál será mi área de excelencia mañana y el próximo año, en función de las tendencias del mercado y la tecnología en mi campo?".

_____

_____

_____

¿Tienes un plan de desarrollo personal y profesional específico en el que estés trabajando todos los días? Si no es así, es hora de que diseñes uno y empieces a desarrollar las habilidades que necesitarás para liderar en tu campo los próximos años.

¿Cuál debería ser tu área de excelencia si deseas moverte a la cima de tu campo? Tú sabes que el mercado solo paga recompensas excelentes por un desempeño excelente. Paga recompensas promedio por un desempeño promedio y paga recompensas bajas y hasta el desempleo por un desempeño pobre o mediocre. Tu meta debe ser pertenecer al 10% superior de quienes ganan más dinero y son más exitosos en tu campo y luego hacer todo lo necesario para permanecer allí durante el resto de tu vida laboral.

No hay nada que atraiga más rápido la atención de otros, ni una manera de ascender a gran velocidad que el hecho de desarrollar tu reputación de ser el mejor en tu campo de acción.

Hoy, vivimos en una meritocracia. Es decir, en una sociedad en la que se te recompensa en proporción al valor de tu contribución. Vivimos en una economía de servicios en la que cada uno de nosotros se gana la vida sirviéndoles a otras personas de alguna manera. Cuanto mejor seas para servirles a los demás con eficacia y eficiencia, más feliz y seguro estarás en lo que hagas.

Vivimos en una meritocracia. Es decir, en una sociedad en la que se te recompensa en proporción al valor de tu contribución.

Tu sentido más profundo de propósito en la vida ocurre cuando sabes que estás marcando una diferencia en la vida de los demás. Estás diseñado mental y emocionalmente de tal manera que solo puedes ser feliz cuando sabes que estás haciendo algo que, de alguna manera, enriquece y mejora la vida o el trabajo de otros.

La segunda parte de encontrar la verdadera misión y el propósito en tu vida se explica en el enfoque de "acres de diamantes". Esta filosofía se basa en una charla de un ministro llamado Russell Conwell, quien contó una historia sobre un granjero exitoso que vendió su granja y se dirigió al continente africano en busca de diamantes. Años más tarde, el nuevo dueño de la granja descubrió que el terreno estaba cubierto, literalmente, de acres de diamantes.

El viejo granjero se había ido en busca de riqueza al África sin siquiera mirar bajo sus propios pies. El problema es que los diamantes no parecen diamantes en su forma original. Parecen trozos de roca que deben ser cortados, formados y pulidos hasta llegar a encontrar su belleza y valor.

De la misma manera, tus diamantes, tus mayores posibilidades, también se encuentran bajo tus propios pies, pero están revestidos de trabajo duro. Los diamantes en bruto nunca parecen diamantes. De igual modo, las oportunidades están disfrazadas bajo un proceso largo y arduo de trabajo, pero eso no significa que no estén allí.

Tus acres de diamantes pueden estar dentro de tu empresa o industria actual. Quizá, tus acres de diamantes se encuentren dentro de tus propios intereses y habilidades. Tal vez, se encuentren dentro de tu educación y experiencia. A lo mejor, se encuentren dentro de los amigos, asociados y contactos que tengas. Lo único que sabemos es que, cuando tomes la decisión de lograr mucho más con tu vida, empezarás a atraer a tu vida todo tipo de oportunidades, personas e ideas que contribuirán a convertir tus sueños en realidad. Y tal como la historia del granjero, pueden estar muy cerca.

> **Cuando tomes la decisión de lograr mucho más con tu vida, empezarás a atraer a tu vida todo tipo de oportunidades.**

Algunas veces, hay quienes me preguntan si deberían volver a la universidad por varios años para obtener otro título o mudarse a otra ciudad o cambiar de trabajo, en una industria diferente. Invariablemente, digo que la clave del éxito es determinar qué es lo que realmente te gusta hacer y luego poner todo tu corazón para hacerlo de la mejor manera posible. Si combinas estas dos prácticas, las puertas de la oportunidad se abrirán a tu alrededor.

La única cualidad común en las personas altamente exitosas es que están orientadas a la acción. Se toman el tiempo para pensar y planear. Luego, entran en acción. Avanzan continuamente. Intentan una cosa y luego otra y luego otra y otra. Nunca se detienen. Están en constante movimiento. Y cuanto más lo intentan, más probabilidades tienen de triunfar.

Margarita

"¡Entra en acción! ¡Entra en acción!". Esa es una frase que oímos con bastante frecuencia. Brian nos lo acaba de decir con absoluta claridad. El problema es que mucha gente se congela y no actúa, porque siente que tiene que ver todo el camino primero antes de dar el primer paso. Lo que tienes que saber antes de dar el primer paso es hacia dónde vas, qué quieres y el camino se irá presentando frente a ti a medida que avanzas hacia ese ideal.

Permíteme hacerte una pregunta: ¿Alguna vez has manejado un carro en medio de la niebla? En mi país, Colombia, cuando vas por la montaña, es común que la neblina sea tan espesa que no puedes ver más allá de dos o tres metros frente a ti. Era común en las vacaciones del colegio que mis padres nos llevaran a la costa en Colombia. Para llegar allá debíamos manejar por montañas altas y extensas pues mi ciudad, Medellín, está en plena cordillera de los Andes. Normalmente mis padres iban en un carro con mis hermanos menores y Marcela, mi hermana mayor, y yo, íbamos en otro y nos turnábamos al manejar. Recuerdo claramente un día que íbamos de vacaciones y me tocó a mí ir al volante. La niebla era muy espesa, pero habíamos decidido avanzar. El destino era Coveñas, un lugar de playa a unas 7 u 8 horas de Medellín. Obviamente, sentí un poco de miedo, pero necesitábamos avanzar y sabíamos que no íbamos a cometer una imprudencia, así que nos pusimos el cinturón de seguridad, prendí las luces del carro y empecé a avanzar despacio, siguiendo las instrucciones de mi papá: "Mira la línea amarilla del medio y ella te dirá si viene una curva, ve despacio y tranquila que al avanzar tres metros, siempre aparecerán delante de ti los siguientes tres". Y así, poco a poco, fuimos avanzando hasta llegar a un lugar donde la neblina se disipó. Si en lugar de avanzar me hubiera quedado paralizada o hubiera parqueado el carro por miedo a no ver todo el camino, hubiera perdido horas o quizás el día entero esperando una mejor visibilidad. No esperes a ver todo el camino. Ten tu destino claro, toma acción y los próximos pasos irán apareciendo frente a ti.

No esperes a ver todo el camino. Ten tu destino claro, toma acción y los próximos pasos irán apareciendo frente a ti.

Entonces, quiero animarte a pensar al revés. Primero, ten claros tu propósito y tu meta. ¿Dónde quieres estar en un año? Luego, ubícate en el hoy y pregúntate: "¿Cuál es el primer paso que debo dar para empezar a avanzar y estar allí en 12 meses?". Una vez des ese primer paso y lo logres, vuelve a preguntarte: "¿Cuál es el siguiente paso que debo dar para llegar a mi meta?". Y de paso en paso, de "tres metros, en tres metros" llegarás a tu destino. A medida que avanzas, las nuevas acciones aparecerán más claras frente a ti. Pero no te detengas, ni pares, ni te desanimes. Comprométete a que, aun cuando las cosas no salgan como esperabas, no dejarás de entrar en acción, ni de creer en ti. Es así como te vuelves imparable.

Una vez le preguntó alguien a Jim Rohn: "Pero ¿cuántas veces debo intentarlo?". Su respuesta me fascinó: "¡Hasta que lo logres!".

Brian

Permítenos concluir este capítulo, recordándote que encontrar tu verdadera misión y propósito en la vida es fundamental para ser exitoso y feliz. El peor uso de la vida es pasar los años involucrado en el trabajo equivocado, en la industria equivocada, con las personas equivocadas. Los líderes son aquellos que se toman el tiempo de sentarse en silencio y pensar quiénes son ellos realmente y qué es lo que quieren lograr con todas sus fuerzas.

Tú eres extraordinario. Nunca ha habido nadie como tú en toda la Historia y nunca volverá a haber alguien como tú. Te pusieron en esta tierra para hacer algo maravilloso con tu vida. Tienes dentro de ti, ahora mismo, las capacidades más maravillosas que puedas imaginar. Aún si trabajaras duro toda tu vida, no usarías ni siquiera una pequeña fracción del potencial que hay en ti.

Tu meta principal es encontrar el "deseo de tu corazón". Tu trabajo es pensar y decidir en qué crees y qué defiendes, y luego seleccionar un área de esfuerzo o actividad que sea completamente congruente con tus valores y tu pasión. Tu objetivo en la vida es establecer una misión y un propósito que te permita convertirte en todo lo que eres capaz de llegar a ser, realizar todo tu potencial y hacer una maravillosa contribución al mundo que te rodea.

CAPÍTULO 5

Autoconcepto y autosugestión

"Cree que puedes y ya estarás a la mitad del camino".

Theodore Roosevelt

Margarita

Vamos a hablar de uno de los más grandes descubrimientos de la sicología moderna y que, ciertamente, afecta de manera directa y contundente los resultados que tienes en tu vida: el autoconcepto.

Quiero llevarte de la mano por un viaje maravilloso hacia la herramienta que tienes entre tus dos orejas y que controla todo, literalmente, todo en este plano material. Si bien Brian no escribe conmigo en este capítulo, mucha de la información que acá te daré proviene de sus enseñanzas.

Imagina que yo llegara a tu casa con un catálogo y te dijera que tú puedes elegir a un empleado que trabajará para ti toda la vida. Esta persona es un genio, tiene memoria fotográfica y recordará absolutamente todo lo que tú veas, oigas y sientas. Como si fuera poco, este nuevo colaborador tuyo no duerme, así que trabaja para ti 24 horas al día, con capacidad de sobra para ayudarte a conseguir todo, todo lo que quieras en tu vida.

Te estarás preguntando: ¿Cuánto costaría tener un servicio así? Esa es la mejor parte, porque, como pago por sus servicios, solamente tendrías que darle alimento.

Ahora, sí hay dos requisitos que debes cumplir para que este colaborador trabaje a su máxima potencia:

1. Debes halagarlo constantemente: Así es. Este colaborador es muy sensible y a la primera palabra destructiva que tú le digas, dejará de trabajar a tu favor. De modo que debes decirle contantemente que es fantástico, maravilloso, que es un genio y que es imparable, y nada lo detendrá.

2. Debes cuidar su entorno: Como bien te dije, es muy sensible. Así que no puedes exponerlo a noticias negativas constantes o a conversaciones destructivas con terceros, porque se desmoralizará de inmediato y dejará de trabajar a tu favor.

¡Es todo! Dale los mejores cumplidos que puedas y mantenlo alejado de conversaciones e información negativa y destructiva.

Este colaborador sí que existe y me imagino que ya sabes quién es. Sí, es tu mente subconsciente. Tu mente subconsciente es un genio que no duerme y que tiene almacenado todo lo que has visto, sentido, olido y experimentado a lo largo de tu vida. Estás cargando a un genio entre tus dos orejas y es tu deber recordarle (o mejor dicho, recordarte) lo maravilloso que eres.

Tu mente subconsciente es un genio que no duerme y que tiene almacenado todo lo que has visto, sentido, olido y experimentado a lo largo de tu vida. Estás cargando a un genio entre tus dos orejas y es tu deber recordarle (o mejor dicho, recordarte) lo maravilloso que eres.

La mente tiene 3 componentes:

Mente consciente: (digamos que es la computadora con menos capacidad de almacenaje). Con ella trazas tus metas.

Mente subconsciente: Tiene almacenaje ilimitado. Es la que cumple las metas.

Subconsciente creativo: Este es un "personaje" dentro de tu mente subconsciente que no duerme y que tiene una tarea importantísima: mantenerte cuerdo. ¿Qué quiero decir con esto? Que su trabajo es hacer de ti una persona coherente. Que, si crees que eres malo para hablar en público, hará que te dé taquicardia a la hora de hablar y que se te seque la garganta. ¿Para qué? Para mantenerte coherente, en otras palabras, "cuerdo".

Por eso, mis amigos: en la vida, no debes ver para creer; debes creer primero para que tu mente te deje ver.

No debes ver para creer; debes creer primero para que tu mente te deje ver.

Vamos a simplificarlo: ¿Qué es el autoconcepto? Pues, es el concepto que tienes de ti mismo. De lo que eres, de lo que tienes, de lo que crees que eres capaz y de lo que crees que no eres capaz de lograr. Tú tienes un concepto, un estándar de lo que es "normal" para ti y de lo que no lo es. Por ejemplo: en tu subconsciente hay un peso "normal" para ti, un tipo de carro o medio de transporte "normal" para ti, una cantidad de dinero y un vecindario "normal" para ti, un tipo de relación de pareja "normal" para ti, en fin... Y, sin darte cuenta, tú operas tu vida bajo esos estándares. Hay personas que viven en relaciones violentas porque eso crecieron viendo en sus casas y para ellas es "normal" vivir así, mientras que para otras eso es absurdo y jamás se involucrarían en ese tipo de relación. Para algunos es "normal" vivir en escasez económica, mientras que para otros es impensable.

El autoconcepto funciona como el termostato de un aire acondicionado. Si ponemos la temperatura de tu habitación en 70 grados Fahrenheit, esto es lo que el termostato hará: si tu cuarto se enfría mucho y baja a 69 o 68 grados, el termostato apaga el compresor para que la temperatura suba a 70 grados. Si después el cuarto empieza a calentarse y pasa a 71 o 72 grados, el termostato enciende el compresor para bajar la temperatura nuevamente. Así, se asegura de mantener tu cuarto a 70 grados todo el tiempo.

Entonces, tu subconsciente creativo es el termostato. Si en tu autoconcepto tú eres una persona que gana $5.000 dólares al mes y en un mes ganas $7.500, tu subconsciente creativo (que es una máquina muy poderosa) te va a sabotear para regresarte a donde "perteneces", a tu estado financiero "normal". Entonces, como ganaste más dinero este mes, el siguiente mes entras en tu zona cómoda y no trabajas igual de duro regresando a los $5.000 o incluso ganando menos. O peor, chocas el carro y el arreglo te cuesta los $2.500 extra que ganaste.

Piensa por un momento en tu vida cuando eras pequeño. ¿Qué estándares tienes hoy parecidos a los de tus padres? Es probable que, si en tu casa era normal que el dinero escaseara, esa misma situación financiera sea común para ti hoy.

Si en tu casa era normal pelearse y gritarse, es probable que así sean tus relaciones hoy. Si en tu casa era normal andar en bus, es probable que andes en bus. Si en tu casa era normal vivir en abundancia y tener inteligencia financiera, es probable que así vivas hoy tu vida adulta.

¿Cuál es la buena noticia? Que tus circunstancias externas son, en gran parte, un tema de programación. Piénsalo así: si a ti te hubiera adoptado una familia alemana de muchísimo poder económico, con modales impecables, con disciplina intachable, con amor balanceado, con educación, creciste entre yates y aviones privados, meditando y en un ambiente de total serenidad, ¿serías diferente a quien eres hoy? Por supuesto que lo serías. Todos venimos con una mente en blanco que no conoce límites, hasta que empezamos a oír desde pequeños ciertas programaciones limitantes, basadas en mentiras, como estas:

1. Es mejor tener amigos que tener dinero.

2. Los ricos son ladrones (o corruptos, narcos o maleantes, depende de la familia).

3. El éxito no es para gente como nosotros.

4. El dinero se hace agua y es muy escaso.

5. ¡Estás loco, eso que quieres lograr es imposible!

6. No eres lo suficientemente (alto, bajo, guapo, guapa, inteligente, hábil, etc.) para lograr eso.

7. Es normal que un hombre te sea infiel, los hombres fieles no existen.

8. Las cosas buenas no le pasan a gente como nosotros.

Escribe acá algunas frases que te repetían de niño y que te hacen dudar de tu potencial o de la abundancia que hay disponible en el mundo para todos:

_____

_____

_____

_____

_____

Mira a tu alrededor, busca en Google, Youtube y otras redes y encontrarás miles de ejemplos de que esas frases no son verdad.

Verás que hay mucha gente rica que es buena, hombres fieles, personas con todo tipo de limitantes con éxito, en fin…

Estas frases, sumadas a experiencias y a la realidad diaria en la que vivías, van formando creencias limitantes que se convierten en un freno interno que te sabotea constantemente. En otras palabras, todo lo que vivimos en nuestros primeros siete años de edad va formando nuestro autoconcepto y de ahí en adelante la mente "corrige" para mantenerte en donde cree que "perteneces".

> **Todo lo que vivimos en nuestros primeros siete años de edad va formando nuestro autoconcepto y de ahí en adelante la mente "corrige" para mantenerte en donde cree que "perteneces".**

¿Alguna vez has tenido a un elefante frente a ti? Son criaturas tiernas e imponentes a la vez, con un tamaño y una fuerza arrolladora capaz de causar estragos en un ataque de furia. Ahora, imagínate a ese mismo elefante, amarrado de una de sus patas a un palo, atado con una cadena delgada y débil. Pensarías que es absurdo, pues sabes que él tiene la fuerza para reventar una cadena 30 y hasta 50 veces más gruesa. Lo que sucede es que al elefante lo amarraban con esa misma cadena delgada cuando era pequeño y no tenía la fuerza para arrancarla. El elefantito trató y trató de zafarse hasta que finalmente se rindió. Al ir creciendo, los domadores saben que el elefante no volverá a intentarlo, y aunque una vez adulto puede reventar la cadena y halar el poste con un simple movimiento, ni siquiera lo intenta. No se le ocurre intentarlo. No se cree capaz. Y tienes entonces a una criatura imponente, con enorme potencial, dominada por un pequeño poste y una cadena delgada. Igual nos pasa a los seres humanos. Nos programan y nos limitan de pequeños y dudamos de nuestro potencial, no creemos que tenemos dentro de nosotros lo que es necesario y muchas veces ni siquiera lo intentamos.

Una vez que la mente es programada se pasa la vida "corrigiendo" para mantenerte donde cree que perteneces. Por ejemplo, ¿sabías que un porcentaje muy alto de los ganadores de lotería vuelve a quedar en la quiebra después de algunos años? ¿Por qué? Porque, más que personas pobres, hay mentes pobres. Como en su interior tienen un autoconcepto de pobreza pero afuera han recibido riqueza, la mente "corrige hacia abajo" para llevar su vida exterior a que coincida con la que ellos tienen en su interior, en su subconsciente. La mente busca la coherencia entre la imagen que tienes de ti en el subconsciente y la imagen que estás viendo afuera.

Verás, todo el tema mental se reduce a la imagen más fuerte. Tu mente es un mecanismo teleológico, que siempre debe perseguir y pegarle a un objetivo, a una imagen. Si tienes metas, pero tu imagen de fracaso es más fuerte, tu mente se encargará de que le pegues a la imagen más fuerte. ¿Alguna vez te has trazado una meta y no la has logrado? Seguramente. Es probable que la causa esté en tu subconsciente, porque no se trata solamente de trabajar duro, sino también de cambiar la "temperatura en tu termostato", la imagen que tienes en tu mente de lo que puedes o no puedes lograr.

¿Cuál es tu trabajo entonces? Hacer que la imagen de lo que quieres, no de lo que tienes, sea la imagen más fuerte (más adelante te enseñaré a hacerlo). Mucha gente habla hoy de manifestar y atraer, pero realmente se trata de un proceso de la mente buscando la nueva imagen, aquella más fuerte que tú le programaste.

Si en tu cuenta bancaria hay $5 dólares, no importa. En tu mente hay $5.000 o $10.000 y tú te aferras con todas tus fuerzas a esa imagen de éxito y no te la dejas robar de nada, ni de nadie. Además, usas frases emocionantes como: "Me siento feliz, agradecido e imparable ganando $10.000 dólares al mes", "Soy un imán de oportunidades, los negocios más rentables y afluentes vienen a mí", "Donde llego, se me abren puertas grandes y siempre estoy generando abundancia para mí y para mis seres queridos". Hablar así, disparará en ti imágenes y emociones que "pegarán" este nuevo autoconcepto en tu mente subconsciente. Creer para ver, recuérdalo.

Cuando tienes este nuevo autoconcepto, pasan tres cosas muy interesantes:

1. Empiezas a ver oportunidades e información que antes no veías. ¿Te ha pasado que compras un carro de una marca y empiezas a ver ese carro, de esa misma marca, por toda la ciudad? No es que ahora haya más carros de esa marca, sino que ahora tu mente te los muestra, porque cree que es importante para ti verlos. O sea, esos carros siempre te pasaron por el frente y no los veías. Cuando tú le das a tu mente subconsciente una nueva imagen del éxito que quieres, como si ya lo tuvieras, tu mente empieza a quitarte puntos ciegos y a mostrarte todas las oportunidades que tienes frente a ti para que logres lo que has instalado en ella, para que "corrijas" hacia arriba.

2. Empiezas a tener ideas brillantes para lograrlo. Recuerda, tu mente subconsciente tiene almacenamiento ilimitado y es un genio. Cuando tu imagen de afuera no corresponde con la que tienes en tu mente, ella te empieza a dar ideas para que logres aquello que vienes visualizando.

3. Tienes más energía y motivación. Tener una meta que te entusiasma siempre generará más energía física y felicidad en tu vida. Cuando empiezas a visualizar aquello que quieres y te aferras con toda tu energía a esa imagen de salud, éxito o de lo que sea que quieres lograr, te levantas de la cama como un tiro y disfrutas mucho más todo lo que haces.

¿Alguna vez has tratado de armar un rompecabezas de 1.000 o 2.000 piezas? Es retador y a la vez divertido. Pero, ¿qué pasaría si yo te doy las 2.000 piezas de un rompecabezas y nunca te muestro la imagen o fotografía de lo que hay que armar? Lo más obvio es que no sabrás si es un bosque, un castillo, un tren, una ciudad, una o varias personas. Estás totalmente a ciegas y aparte de unir las piezas de los bordes es muy difícil que logres armarlo en su totalidad. Lo mismo le pasa a tu mente. Ella no puede ayudarte a lograr el éxito que sueñas si no le has dado una imagen absolutamente clara de lo que quieres lograr.

Vamos a hacer un ejercicio para empezar a visualizar tu supermeta, tu meta más importante para los próximos 12 meses, y "pegarla" en tu subconciente. Vamos a hacer de esta meta tu imagen más fuerte. Vamos a hacerle creer a tu mente que esa meta ya sucedió, que es tu realidad. Tu mente, al tener esa imagen tan fuerte y ver que no corresponde con lo que tienes hoy en día, empezará a trabajar día y noche para darte ideas, motivación y mostrate oportunidades para que lo logres.

La fórmula para reprogramar tu mente y manifestar tus metas es la siguiente: I+E=R, que quiere decir, Imaginación + Emoción es igual a tu realidad. **No** se trata solamente de imaginarlo, debes creerlo. Debes ponerle emoción cuando lo imaginas. La emoción es el "pegamento". Si no le pones emoción, la imagen de tu meta no se "pegará" a tu subconciente. Entonces, cuando combinas las dos (la imaginación + la emoción), eso que estás visualizando se convierte en tu realidad.

No se trata solamente de imaginarlo, debes creerlo. Debes ponerle emoción cuando lo imaginas. La emoción es el "pegamento". Si no le pones emoción, la imagen de tu meta no se "pegará" a tu subconciente.

Empecemos el ejercicio:

Escribe acá tu súper meta, tu meta más importante para los próximos 12 meses:

_____

_____

_____

_____

Ahora, describe tan claramente como puedas, cómo será un día de tu vida una vez que estés viviendo tu súper meta. Escribe con detalle desde que te levantas hasta que te vas a dormir y usa palabras que creen emoción. Por ejemplo, estoy feliz, es fantástico, me siento imparable…: recuerda, la emoción es el "pegamento".

_____

_____

_____

_____

_____

_____

_____

_____

_____

_____

Cierra los ojos todos los días y visualízate en presente, ya viviendo lo que acabas de escribir, ya viviendo tu súper meta. Dedícale 5 minutos a este ejercicio todas las mañanas. Esta reprogramación mental es importantísima, pues, sin cambiar la imagen que hay en tu mente, es casi imposible que logres tu meta o que la mantengas a largo plazo. Verás, la mente busca lo que le es familiar y si esa meta no es familiar para ella, no te ayudará a lograrla o te saboteará cuando la logres. Al visualizarla con emoción todos los días, por solo 5 minutos, la mente sentirá que ya vive así, que esa situación le es familiar, que esa es tu realidad. Manifestar tus metas empieza con la imagen que programas en tu mente. Dedica estos minutos diarios a visualizar, porque tu futuro depende de lo que está grabado en tu mundo interior. Tú lo mereces, hazlo por ti, ¡dale prioridad todos los días a este ejercicio!

CAPÍTULO 6

Gobiérnate a ti mismo (Autorregulación)

Margarita

Un niño llegó donde su abuela a pedirle que le contara un cuento para dormir. La abuela accedió con mucho cariño y empezó a contarle una fábula fantástica de dos lobos que vivían en su cabeza: uno malo y otro bueno. Le contó cómo ellos luchaban constantemente por acabar el uno con la vida del otro. El niño, muy asustado, le preguntó a la abuela: "Abuela, ¿y cuál de los dos va a ganar?", a lo cual ella contestó: "¡El que tú alimentes!".

Quizás, este capítulo podría ser el primero. Su importancia es absoluta, ya que, como dijo Siro: "Si quieres un imperio, gobiérnate a ti mismo".

No podemos lograr cosas extraordinarias con nuestra vida y en nuestras relaciones y, al primer obstáculo, al primer desafío, entrar en pánico y dejar que nuestras emociones se desborden.

Volvamos a la historia de la abuela: imaginemos que estos dos seres viven en nuestra mente y que son la voz negativa y la voz positiva que nos hablan todo el tiempo. Yo quisiera pensar que son un tigre o una tigresa y una hiena. Esta es burlona, negativa y destructiva. Es esa voz que, cada que quieres intentar algo, te dice que "estás loco", que "quién te crees" y que "no hay manera en que lo vayas a lograr".

Lamentablemente, muchas personas alimentan este animal, le dan fuerza y se quedan hablando con él. Entre más vueltas les des a los pensamientos negativos, más los aceptes, más los repases en tu mente, más estás fortaleciendo y engordando a la hiena.

Es por eso que mi propósito en este capítulo consiste en mostrarte cómo matar a la hiena de hambre y que saques a relucir al tigre o a la tigresa que hay en ti. Es fundamental que te sientas imparable en todo momento, sin importar los mensajes que te envíe el mundo exterior.

Es fundamental que te sientas imparable en todo momento, sin importar los mensajes que te envíe el mundo exterior.

¿Cómo? Empecemos con el lenguaje. Las afirmaciones son un arma poderosa que te prepara para tener un día espectacular, una reunión maravillosa, una relación amorosa, una venta exitosa, en fin. Son como mantras que nos repetimos y que a su vez le dan órdenes a tu mente para desactivar a la "hiena" y entrar en un modo imparable.

Cada vez que siento miedo frente a un negocio, una decisión, una relación, me repito con emoción:

"¡Yo soy hábil, completa y capaz! ¡Esto va a funcionar, porque yo voy a hacer que funcione! En este momento, y en todo momento, tengo dentro de mí toda la capacidad para salir exitosa y lograr el resultado que quiero.

¡Yo soy hábil, completa y capaz! ¡Esto va a funcionar, porque yo voy a hacer que funcione! En este momento, y en todo momento,

tengo dentro de mi toda la capacidad para salir exitosa y lograr el resultado que quiero".

Hacer esto, combinado con la fisiología correcta, es decir, adoptando la pose de Superman o la Mujer Maravilla, brincando o subiendo los brazos, te saca de inmediato de tu estado frágil y te conduce al que yo llamo un estado imparable que te permite romper todas las barreras mentales y encontrar el camino que te llevará a triunfar.

Verás, al hacer esto, se produce en tu cuerpo una "sopa de químicos y hormonas" que te generan energía y motivación, y que, verdaderamente, te vuelven imparable.

Permíteme contarte una historia. Era el primero de enero del 2022. Mi esposo, mi hijo y yo debíamos tomar un vuelo para regresar a Miami desde Las Vegas, donde yo había dado una conferencia de fin de año. Nuestro vuelo fue cancelado y llegamos cansados al hotel a reorganizar nuestro viaje. Mi hijo tenía un gran malestar y algo de fiebre, así que le hicimos una prueba de Covid y se acostó a dormir.

En medio del trajín del aeropuerto y del malestar de mi hijo, recibo de repente un mensaje de texto. Era la chica que estaba cuidando a Taco, nuestro perrito chihuahua que rescatamos hace cuatro años y que ahora es parte de nuestra familia. El caso es que ella estaba pidiéndome que, por favor, la llamara.

Taco es mi gran compañero. Por donde yo me muevo en la casa, él va detrás de mí; duerme siempre a la par conmigo y es una belleza verlo, pues pesa tan solo tres libras y cabe en mi cartera.

Entonces, la hiena en mi cabeza empezó a decirme: *"¡Qué habrá pasado! Ya este día ha sido suficientemente complicado. ¿Para qué querrá ella que la llame? ¿No puede esperar?".* Le marqué a su número de teléfono, pensando que iba a decirme que a Taco se le había acabado la comida o que iba a preguntarme a qué hora iba a pasar yo a recogerlo, en fin.

Cuando ella me contesta la llamada, la oigo llorar. Me puse helada, pero mantuve la calma. "¿Qué pasó?", le dije. "¡Ay! Sra. Margarita, Taco se me salió de la casa y no lo encuentro", me decía ella con voz de angustia y no paraba de llorar.

La voz de la hiena volvió a hablarme una vez más: *"¡La matoooo! ¿Cómo es posible?"*. De inmediato, tomé control de mi voz interna y me dije: *"¡Este no es momento de reclamos! Vamos a tomar acción, ¡pero ya!"*. (La tigresa Margarita en acción, jeje).

Me despedí de ella después de decirle que se calmara y siguiera buscando. De inmediato, llamé a alguien de mi oficina y lancé una campaña pagada en Facebook, por el área donde Taco se perdió; también posteé en mis redes, pidiendo ayuda; llamé a influencers amigos míos para que me ayudaran a postear la pérdida de Taco; entré a grupos de Miami que ayudan a encontrar a perritos perdidos; le pedí a mi cuñada que fuera al lugar y ayudara a buscarlo de puerta en puerta. Así, pasé aproximadamente cuatro horas, con total enfoque, diciéndome: *"Lo voy a encontrar, va a funcionar, porque yo voy a hacer que funcione"*.

Incluso, personas desconocidas se ofrecieron a ayudarme. Una de ellas hasta imprimió posters con la foto de Taco y la información de contacto y fue a pegarlos por toda el área. ¡Qué espectaculares somos los seres humanos! Quisiera decirte que encontré a Taco, pero no fue así. Afortunadamente, mi hijo seguía roncando y sin darse cuenta de lo que estaba ocurriendo. Buscamos hasta casi las 10:00 pm y en últimas decidimos esperar hasta la mañana siguiente.

Quería llorar, entrar en pánico, pero me repetía: *"¡Mientras no haya una mala noticia, no tengo por qué llorar! Taco va a aparecer, lo vamos a encontrar"*. Lo cierto fue que, con esa voz en mi mente, al fin logré dormirme, pero fue hasta bastante tarde. A las 5:00 am sonó el celular y todos brincamos. La Margarita de antes hubiera pensado: *"¡Se murió, por eso llaman a esta hora!"*. Pero no. Me calmé, mientras mi esposo contestaba: "¡Alo! ¿En serio? ¿Dónde estaba? ¡Qué alegría!".

¡Ufff! ¡Taquito apareció! ¡Apareció, qué bien! ¡Gracias, Dios! Una señora lo encontró en la noche y lo resguardó en su casa. En la mañana, entre todos los que lo estaban buscando, alguien tocó la puerta de la casa de esta señora, preguntando: "¿De casualidad no ha visto a un perrito así y así?", y ella dijo: "¡Yo lo tengo!". Resultó que el chip de Taco no estaba activado (¡mi error, ya lo activé!) y ella no sabía a dónde, ni a quién llamar. ¡Final feliz, reencuentro feliz! ¡Fin de la historia!

Suena sencillo, pero antes yo era una persona que vivía a la merced de pensamientos negativos y destructivos. Esa hiena era gorda y dominaba mi mente. Ya de por sí, la cancelación del viaje o el malestar de mi hijo me hubieran puesto angustiada, así que ni pensar cómo me hubiera puesto de angustiada la desaparición de Taco. Seguramente, hubiese tenido un ataque de pánico como los que me daban antes.

Sé que suena a cliché, pero, en lugar de preocuparse hay que ocuparse y eso solo se logra cuando estás usando el cerebro ejecutivo, cuando no dejas que tus emociones se desborden y puedes pensar claramente. Cuando alimentas al tigre o a la tigresa que hay en ti y te dices: *"¡Vamos, que tú puedes! ¡Esto se va a resolver, porque yo lo voy a resolver!"*, y empiezas a entrar en acción.

Quiero aclarar que manejar tu diálogo interno y no alimentar a la hiena burlona y destructiva no significa no sentir. Obviamente, si algo le hubiese pasado a Taco, me hubiera permitido vivir el duelo. El problema es cuando nada malo ha pasado y ya en nuestra mente todo está acabado, no hay nada que hacer y pasó lo peor. Sufres y lloras de gratis y no haces nada para resolver el problema. Por eso, te pregunto: ¿tienes un desafío? Entonces, levántate, sacúdete y di: "*¡Yo soy hábil, completo y capaz! ¡Esto va a funcionar, porque yo voy a hacer que funcione! En este momento, y en todo momento, yo tengo dentro de mí toda la capacidad para salir exitoso y lograr el resultado que quiero. Mi configuración de fábrica es: ¡Imparable!*".

El problema es cuando nada malo ha pasado y ya en nuestra mente todo está acabado, no hay nada que hacer y pasó lo peor. Sufres y lloras de gratis y no haces nada para resolver el problema.

Mi configuración de fábrica es: ¡Imparable!

Piensa en los días en que tuviste tus mejores ventas o tu mejor cita de pareja. Recuerda aquel partido de fútbol en el que anotaste un gol o la vez aquella en que jugaste el mejor partido de tenis. ¿A quién estabas escuchando? ¿A la voz contructiva e imparable dentro de ti o a la voz negativa, insegura y hasta burlesca?

Tu trabajo es aniquilar a la hiena y responderle firme y sin miedo. La cuestión no es solamente no escucharla, porque esas palabras negativas pueden volverse una música tétrica de fondo y ni siquiera darte cuenta que la estás escuchando.

¿Sabías que se calcula que más del 77% de nuestros pensamientos son negativos y contraproducentes? Cada día, el ser humano alberga más de 50 mil pensamientos en su mente.

Estoy casi segura de que tú no recuerdas ni 100 de todos esos pensamientos que tuviste ayer, ¿verdad? Es porque la mayoría de ellos pasa por tu mente como "música de fondo" y ni te das cuenta. Sin embargo, después, no entiendes por qué te sientes débil triste, estresado o cansado.

Si en tu cuerpo hay un virus o una bacteria, te sientes débil. Igual ocurre si en tu mente están dominando los pensamientos negativos, te sientes mal.

A continuación, te sugiero dos ejercicios excelentes para sacar a la luz esa hiena, esa voz negativa y empezar a debilitarla para que seas imparable. Una vez que desarrolles esta disciplina empezarás a avanzar a *pasos de gigante* en tu autoconfianza (que ya sabemos lo importante que es), en tu salud, en tus finanzas y en tus relaciones. Pero recuerda esto bien: la única relación tóxica que puedes tener es contigo mismo. Todas las demás son consecuencia de esa relación. ¿Listo para convertirte en tu mejor amigo, tu coach, tu motivador, tu mentor y tu mayor aliado? Bien, esto es lo que yo hice que cambió mi mundo interior y hará lo mismo por ti:

La única relación tóxica que puedes tener es contigo mismo. Todas las demás son consecuencia de esa relación.

Paso 1: Saca a la "hiena" de la oscuridad. El primer paso es detener esa música de fondo terrorífica, tomando consciencia de que está ahí. Configura cuatro alarmas en tu celular: 8:00 am, 12:00 pm, 4:00 pm y 8:00 pm, por ejemplo. Entonces, cada vez que suene la alarma, detente 30 segundos y pregúntate:

✓ ¿Cuáles han sido mis pensamientos dominantes en esta última hora?

✓ ¿Estoy pensando en mis metas o en mis miedos?

✓ ¿Cómo puedo enfocarme en lo que quiero lograr?

✓ ¿Cómo puedo buscar oportunidades para avanzar?

Como dice uno de mis mentores, Les Brown: "Puedes vivir tus sueños o puedes vivir tus miedos, pero no puedes vivir los dos".

Haz este ejercicio durante siete días y empezarás a estar más conciente de tus pensamientos, encenderás la luz de tu mundo interior y empezarás a ser el director de tu película.

Detén ahora la lectura y configura las cuatro alarmas.

Paso 2: Respóndele con autoridad a la voz negativa interior. Supón que un familiar tuyo tiene un hijo que es un poco travieso y hasta maleducado. No obedece y tiende a hacer exactamente lo contrario a lo que se le pide que haga. Un día, tu familiar tiene una emergencia en el trabajo y te pide que le cuides al niño un rato. Como es apenas obvio, tú no quieres hacerlo, porque ya sabes que él tiende a no obedecer, pero decides apoyar a tu pariente por un par de horas.

Al rato, el niño llega a tu casa y te dice: "Voy a jugar con los cuchillos". Siendo tú el adulto sensato que eres, le respondes con seguridad y le dices con cariño, pero con firmeza: "¡No, corazón! Los cuchillos no son para jugar. El rompecabezas es para jugar".

Es decir, bajo ninguna circunstancia, te dejarías intimidar por un niño, ni mucho menos lo dejarías hacer algo que pueda causarle daño. Esto es lo mismo que debes hacer con la voz negativa (la "hiena") que te habla, te critica, se burla y te dice que no podrás o que no tienes la capacidad de hacer lo que quieras hacer. Respóndele con serenidad, pero con firmeza.

¿Recuerdas cuando Taco mi perrito se perdió y yo iba a entrar en pánico? De inmediato, le respondí con autoridad a esa voz y le dije: "*¡NO! No vas a entrar en pánico Margarita. Eso solo convertirá algo malo en algo peor. Lo voy a encontrar, va a funcionar, porque yo voy a hacer que funcione*".

Respóndele siempre con autoridad a esa voz. No dejes que te controle.

Usa tu afirmación, aquella que te ancla y te recuerda lo imparable y capaz que eres, el tigre que eres. Te recuerdo la mía:

"¡Soy hábil, completa y capaz! ¡Esto va a funcionar, porque yo voy a hacer que funcione! En este momento, y en todo momento, tengo dentro de mí toda la capacidad para salir exitosa y lograr el resultado que quiero".

Escribe acá tu afirmación central, aquella que te repetirás cuando te sientas asustado, inseguro o fuera de control:

_____

_____

_____

_____

La dieta mental

Es muy difícil autogobernarte, mantenerte bajo el mando de tu cerebro ejecutivo y evolucionado, y no de tu cerebro emocional y primitivo cuando estás consumiendo desastres, pandemias, accidentes, guerras, crisis económicas, sufrimientos y enfermedades. Porque eso es lo que te dan las noticias.

Seamos honestos, las buenas noticias no dan rating. Ver a una niña no vidente tocando flauta da poco rating. En cambio, si el noticiero presenta un asesinato, una bomba, una crisis, los televidentes suben el volumen y prestan atención. No caigas en esta trampa. Las noticias son una de las comidas favoritas de la "hiena" y, si te enganchas a verlas, pronto la engordarás y la escucharás diciéndote cosas como:

✓ ¿Para qué vas a empezar ese negocio, si el mundo se va a acabar?

✓ ¿Qué te hace creer que puedes ser feliz si ni siquiera las estrellas del cine lo son?

✓ ¡No importa lo que comas, porque todos los alimentos están contaminados! ¿Qué te hace creer que tú puedes perder peso si la obesidad es una epidemia mundial?

✓ ¿Por qué soñar con una casa nueva si el mercado inmobiliario va a colapsar?

Si desayunaras, almorzaras y cenaras diariamente comidas procesadas, cargadas de azúcares y grasas, comida chatarra cada dos horas, muy pronto, te sentirías débil, cansado y enfermo. Sería una locura desayunar pizza con brownies y gaseosa, comerte un helado de galletas a la media mañana, almorzar papas fritas, con hamburguesa... Ok, sé que ya me captaste la idea.

Mi propuesta es esta: haz una dieta mental. No dejes que voces negativas externas entren a tu mente. Ella es tu apartamento sagrado y no puedes dejar que estas voces debilitantes entren ahí.

La chatarra mental consiste en conversaciones negativas, noticias desastrosas, amarillismo, drama, terror y cualquier voz externa destructiva y desmotivante.

Imagina que vas navegando en medio de unas aguas sucias, pero tú eres un bote hermoso y maravilloso. Mientras esas aguas sucias no entren en el bote, él seguirá a flote y avanzando; pero si el agua entra, te hunde.

Cuida, cuida con pinza tu mundo interior. Cuida con quién te juntas y a hablar de qué; mantente en dieta mental y verás cómo tus niveles de bienestar y motivación se elevan. Consume proteína mental todos los días: podcasts, videos inspiradores, lecturas, conversaciones que te sumen y te motiven y no olvides reir. Tomarte la vida muy en serio te puede enfermar y está más que comprobado que la risa tiene beneficios enormes: aumenta las endorfinas, calma el estrés, fortalece el sistema inmunológico y alivia el dolor, entre otros tantos beneficios.

Escribe acá tres "chatarras mentales" que dejarás de consumir diariamente:

_____

_____

_____

Ahora, escribe tres "proteínas mentales" que empezarás a consumir a diario:

_____

_____

_____

Quiero terminar este capítulo sobre gobernarse a sí mismo con la maravillosa historia del Huracán Carter. Quizá, viste la película *Huracán,* protagonizada por Denzel Washington. Bien, el Huracán Carter fue un boxeador estadounidense, con una carrera muy prometedora en la década de 1960. En pleno asenso de su carrera, él fue acusado de un triple homicidio que no cometió, pero que lo llevó a pasar casi 20 años en prisión.

Cuando él se reportó a la cárcel, le manifestó al personal de turno que él no iba a permitir que lo trataran como a un prisionero, pues, en su mente, él no lo era. De modo que, aunque ellos no tuvieran la culpa de lo que le estaba pasando, él no permitiría que nadie le pusiera una mano encima, a no ser que quisieran enfrentarse con él en una buena pelea.

Esta actitud hizo que Carter pasara gran parte de su tiempo en la cárcel, castigado y aislado en una celda. El hecho es que él decidió no enfocarse en la injusticia, ni en enojarse, ni en odiar. Él decidió pasar cada segundo de su tiempo en prisión despierto, estudiando y leyendo hasta lograr su liberación y demostrar su inocencia. Carter no solo salió de prisión, sino que salió hecho un hombre mejor. Nunca pidió que lo indemnizaran, ni demandó a nadie. Más bien, siguió con su vida, pues se negó a ser una víctima.

Obviamente, pocas personas viven injusticias de semejante tamaño, pero muchísimas se derrumban al primer obstáculo. ¿Son las circunstancias? Carter nos demuestra que no, dado que él afrontaba todas las circunstancias necesarias para deprimirse y enojarse.

Lo importante es mantener limpio nuestro mundo interior. Lo que cuenta no es lo que nos sucede, sino la historia que nos contamos a nosotros mismos sobre eso que nos sucede. Tú siempre estás en control de esa historia que te cuentas. Siempre eres el dueño de esa narración. Eres tú quien alimentas al tigre o a la hiena. Carter se enfocó única y exclusivamente en lo que él sabía que podía controlar, que era cómo usar sus pensamientos y su tiempo. No se desgastaba lidiando con emociones negativas desbordadas y aun hoy en día su historia sigue conmoviendo al mundo.

> **Lo que cuenta no es lo que nos sucede, sino la historia que nos contamos a nosotros mismos sobre eso que nos sucede.**

Jim Rohn, uno de los más grandes motivadores de nuestros tiempos, decía:

✓ "No desees que las cosas sean más fáciles. Desea ser mejor".

✓ "No pidas menos problemas. Pide más habilidades".

✓ "No desees menos retos. Desea más sabiduría".

Resumiendo, según los puntos más importantes de este capítulo, esto es lo que debes hacer para gobernarte a ti mismo:

1. Maneja tu diálogo interno. Alimenta y fortalece tu voz positiva, no la negativa.

2. Enfoca tu energía solamente en lo que puedes controlar. (Yo no podía controlar el hecho de que Taco estaba perdido, pero sí las acciones que podía tomar para encontrarlo).

3. Respóndele con autoridad a la voz negativa y repite tu afirmación central.

4. Haz dieta mental.

Escribe acá dos acciones que vas a tomar de inmediato, basándote en lo que aprendiste en este capítulo con respecto a autogobernarte:

_____

_____

_____

_____

CAPÍTULO 7

Dale la vuelta a
cualquier situación

*"Las personas tienen tanto miedo a perder,
que terminan perdiendo".*

Robert Kiyosaki en su libro *Padre Rico – Padre Pobre*

Igual que las monedas, toda situación en la vida tiene dos lados. Tú siempre estás en control del lado por el cual decides ver las cosas: bien sea por el lado constructivo o por el lado destructivo.

Hay personas que me dicen: "Margarita, pero ser positivo es vivir en 'Lalalandia'. ¡Hay que ser realista!".

Nunca he sugerido que haya que salirse de la realidad, pero igual, la realidad puedes verla de manera constructiva o destructiva. ¡Todo, todo es subjetivo! Todo es una elección y tú siempre tienes la libertad de elegir.

La realidad puedes verla de manera constructiva o destructiva. ¡Todo, todo es subjetivo! Todo es una elección y tú siempre tienes la libertad de elegir.

Quiero invitarte a "darle la vuelta" a la moneda en cualquier situación que estés viviendo que te parezca desafiante y a la cual le estés viendo únicamente el lado destructivo. Más adelante en este capítulo, te daré tres maneras de hacerlo de tal forma que todo estrés, miedo o ansiedad se conviertan en agradecimiento, aprendizaje o motivación.

Pero antes, quiero hablar contigo de una palabra que ha sido malentendida, temida y mal utilizada por muchos. Una palabra que es clave para el crecimiento personal y para el éxito. Una palabra sin la cual es casi imposible lograr nada grande, significativo o de importancia en tu vida. Una palabra de la cual quiero que te enamores a partir de hoy, y que incluso la cambies si así lo deseas. Esa palabra es *"fracaso"*.

El miedo al fracaso es uno de los grandes ladrones de sueños del mundo. Y nota que pongo "fracaso" entre comillas, porque, para mí, el fracaso no existe. Lo que existen son resultados. Si en algún momento no obtienes lo que quieres o esperabas, no fracasaste. Simplemente, obtuviste un resultado diferente al que buscabas. Por lo tanto, sigue intentándolo y preparándote hasta que logres el resultado que quieres. ¡Eso es todo! Jamás fracasará aquel que no se dé por vencido.

El fracaso no existe. Lo que existen son resultados. Si en algún momento no obtienes lo que quieres o esperabas, no fracasaste. Simplemente, obtuviste un resultado diferente al que buscabas. Por lo tanto, sigue intentándolo y preparándote hasta que logres el resultado que quieres.

Para tener éxito, es esencial entender que existe una relación directa entre riesgo y éxito. Las personas que intentan más cosas, y las intentan más veces, tienen mayores probabilidades de éxito.

Brian hace esta pregunta con frecuencia en sus libros y charlas. De hecho, ya te la hizo en este libro. Yo te la vuelvo a hacer:

¿qué cosas maravillosas te atreverías a perseguir si supieras que no puedes fallar?

Te recuerdo, mientras no te des por vencido, no fallarás.

Para tener éxito, tendrás que actuar constantemente. Si lo haces, es probable que "falles" con frecuencia. Te parecerá contradictorio, pero el hecho de "fallar" con frecuencia te dará experiencia y es precisamente esa experiencia la que te lleva a alcanzar el éxito. Entonces, entre más rápido falles o "fracases", más rápido llegarás a tus metas.

> **Te parecerá contradictorio, pero el hecho de "fallar" con frecuencia te dará experiencia y es precisamente esa experiencia la que te lleva a alcanzar el éxito.**

Es lamentable, lo cierto es que, desde pequeños nos enseñan que fallar es malo. Sin embargo, es tu lenguaje el que te hace sentir que fracasaste. Pero no fracasaste, ¡aprendiste!

Un bebé todavía no ha desarrollado sus habilidades de lenguaje. De modo que, cuando se cae 17 veces en una hora, intentando caminar, por fortuna no está dándose palo con un lenguaje negativo, sino que sigue intentándolo una y otra y otra vez hasta que lo logra. Si tuviera lenguaje, quizá diría: "No tiene caso, ya van 65 veces que lo intento y no lo logro. ¡Soy un fracaso! Mejor, me quedo acá, tirado en el piso". ¿Me entiendes? ¡Nooooooo! Para el bebé ni el fracaso, ni el darse por vencido están en su vocabulario, así que él lo intentará una y otra vez. Y, cada vez que lo vuelve a intentar, lo hace mejor y mejor, hasta que lo logra.

Winston Churchill tenía razón cuando afirmó: "El éxito es ir de fracaso en fracaso, sin perder el entusiasmo".

Lamentablemente, el fracaso es un tabú. Invitamos a líderes a dar conferencias y entrevistas para hablar de sus éxitos (y eso es maravilloso), pero, si habláramos más de los "fracasos", las personas sabrían que ellas no son las únicas que obtienen resultados diferentes a los que buscan y quizás así menos gente tiraría la toalla.

Déjame contarte aquí de algunos de mis "fracasos":

1997: Quise llegar a la competencia nacional de oradores de Toastmasters USA y perdí en las eliminatorias de La Florida.

1998: Quise ser parte de un programa de radio en Florida y no me aceptaron.

1999: Perdí toda una red de mercadeo de la cual vivía, pues no estaba de acuerdo con la ética de la empresa a la que representaba. Teniendo una bebé de dos años quedamos con cero ingresos de la noche a la mañana.

2000: Me declaré en bancarrota después de "fracasar" con tres negocios de autodetailing.

2001: Estando en un aeropuerto, sufrí un ataque de pánico que me llevó a una depresión tan severa que me inhabilitó para trabajar. No era capaz ni siquiera de salir de casa.

2005: Estuve a punto de firmar un contrato con Azteca América para transmitir mi programa de TV "Margarita, te voy a contar" en Estados Unidos y el negocio se canceló una semana antes de la firma, por cambio de directivas.

2008: Perdí junto a mi esposo más de $500,000 dólares en un negocio que no prosperó.

2012: Un socio nos robó $250,000 dólares.

2015: Empecé con mi esposo una agencia digital llamada Creaqui, que no prosperó y tuvimos que cerrarla.

2022: Pasos al Éxito es la universidad #1 en línea y en idioma español, enfocada en el campo de las habilidades blandas. Acabo de ser reconocida por la Asociación Nacional de Locutores de México como la coach de vida #1 de América Latina. Este libro ya es un *bestseller* desde antes de ser publicado (vendiendo 15,000 copias el día de su preventa). Colaboro con cadenas como Univisión y Telemundo y tengo libertad financiera.

Pero ¿qué crees que ve la gente? ¡El éxito! Y dicen: "Oh, qué fácil se les han dado las cosas a ella y a su esposo". A pesar de los desafíos, Alejandro, mi esposo, y yo nunca perdimos el entusiasmo por largo tiempo. Es más, cuando lo perdimos, nos volvimos a levantar rápidamente, sabiendo que el que no se da por vencido nunca fracasa.

Ahora, te invito a leer este otro ejemplo. Es la historia de los "fracasos" de este hombre:

1832: Perdió su empleo y una elección gubernamental de su Estado.

1833: Su negocio fracasa.

1835: Muere el amor de su vida.

1843: Pierde una nominación al congreso de los Estados Unidos.

1848: Pierde en su reelección al congreso de los Estados Unidos.

1854: Pierde las elecciones para hacer parte del senado de los Estados Unidos.

1857: Pierde la nominación para ocupar la vicepresidencia de los Estados Unidos.

1858: Pierde una vez más en su elección al senado de los Estados Unidos.

¿Qué crees que pasó con esta persona? ¿Habrá tenido un buen futuro en la política o un final feliz?

Pues, te estoy hablando nada más y nada menos que de Abraham Lincoln, quien, en 1860, fue elegido presidente de los Estados Unidos y además el maravilloso ser humano que abolió la esclavitud. ¿Te imaginas que Lincoln se hubiera dado por vencido? ¿De lo que se perderá la Humanidad si tú te das por vencido?

Tenemos que aprender a mantener el fracaso y el éxito juntos. Los dos son parte de la misma ecuación y, por lo tanto, es imposible separarlos. Querer triunfar sin "fracasar" es como querer sacar músculo sin hacer ejercicio. El "fracaso" es el "gimnasio" en el que construyes el músculo de cual tanto requieres para tener éxito y lograr todas tus metas.

Tenemos que aprender a mantener el fracaso y el éxito juntos. Los dos son parte de la misma ecuación y, por lo tanto, es imposible separarlos. Querer triunfar sin "fracasar" es como querer sacar músculo sin hacer ejercicio.

La siguiente es una frase de Bill Gates, uno de los hombres más ricos del mundo, quien algo sabrá sobre el éxito: "El éxito es un pésimo maestro, pues les hace creer a las personas que no pueden perder".

¿Qué quiere decir con eso? Que, cuando "fracasamos", es cuando más debemos aprender. A veces, se gana y a veces se aprende, pero nunca se pierde. O tal vez sí. Pierdes, pero solo cuando no aprendes.

A veces, se gana y a veces se aprende, pero nunca se pierde. O tal vez sí. Pierdes, pero solo cuando no aprendes.

En otras palabras, un "buen fracaso" es cuando aprendes, cuando lo tomas como una oportunidad de aprendizaje. Un verdadero fracaso es cuando te pones en el papel de víctima y crees que el mundo está en tu contra; cuando no aprendes nada; cuando echas culpas y no aceptas tu responsabilidad en el asunto. A eso, sí le llamaría yo un "triste fracaso".

> **Cualquier persona puede ir del "fracaso" al éxito.**
> **Lo que no puede es ir de la excusitis al éxito.**

Entonces, ¿cómo anticiparte al fracaso para que este no te gane por *knock out?* Implementando un plan de 3 pasos que involucra mentalidad y acción. Mientras más grande sea tu meta, más resiliente tendrá que ser tu mentalidad. A continuación, te explico tres cosas fundamentales que necesitarás tener presentes cada vez que obtengas un resultado diferente al que estabas buscando:

1. El fracaso es inevitable y, cuando suceda, ¡alégrate! Significa que entraste en acción y que estás aprendiendo. Que te atreviste a salir de tu zona cómoda. Que la vida es cuesta arriba y que tú vas en el camino correcto.

2. El fracaso no es el fin. No importa lo que suceda, sigue intentándolo. El verdadero fin es cuando te das por vencido.

3. Tener un fracaso no significa que fracasaste. Por lo tanto, no importa lo que suceda, nunca dejes de creer en ti y en que lo lograrás.

Las personas de éxito ven el fracaso y no se quedan allí. Más bien, ven el potencial de su emprendimiento y aprenden la lección. Entonces, sigue avanzando. No te instales a hacer visita donde fracasaste. No te quedes lamentándote. Aprende la lección, haz los ajustes necesarios y saca al campeón que hay dentro de ti, aquel que, cuando eras bebé, se levantó una y otra y otra vez hasta lograr caminar.

No te instales a hacer visita donde fracasaste. No te quedes lamentándote. Aprende la lección, haz los ajustes necesarios y saca al campeón que hay dentro de ti, aquel que, cuando eras bebé, se levantó una y otra y otra vez hasta lograr caminar.

A este punto, quiero darte una analogía que yo uso en mi propia experiencia para mantenerme enfocada cada vez que las cosas no salen como yo esperaba.

Imagina un edificio alto, muy alto. Como aquellos que ves en New York o en Kuala Lumpur. Tú quieres llegar a esa cima, al último piso, al penthouse. Quieres lograr y tener lo mejor y en el camino convertirte en la mejor versión de ti mismo.

Supongamos que el edificio es de 104 pisos, pero todo lo que tú quieres esta allá arriba, en el piso 104.

Ahora, para llegar allá, no hay elevador, ni nadie dispuesto a cargarte hasta el último piso. Tampoco eres Superman, ni la Mujer Maravilla, así que no podrás saltar, ni elevarte de un solo brinco hasta la terraza del edificio, ni volar directo a la cima. Tendrás que llegar con esfuerzo y dedicación, tendrás que subir por las escaleras. Deberás enfocarte y "sudar la camiseta".

Ahora, supón que cada piso, todos y cada uno de ellos, desde el primero hasta el 103, son "fracasos". Cada vez que "fracasas" subes un piso, y como acabo de decirte, no te puedes brincar ni uno solo. Debes subirlos todos para lograr tus metas. No habrá manera de llegar al quinto piso sin antes pasar por el primero, el segundo, el tercero y el cuarto. Simplemente, no es posible.

Entonces, cada vez que viene un desafío en el camino que llevas hacia tu meta, un supuesto "fracaso" ¡tú te alegras! ¡Tú celebras! ¡Tú crees más en ti, porque has subido un piso más! Estás cada vez más cerca, eres más sabio y más fuerte. ¡Eres imparable!

¡Bien! Ahora que ya tienes claro que el "fracaso" es el camino, te daré los tres pasos que te prometí para darle vuelta a la moneda; para ver todo de manera constructiva y ser verdaderamente imparable; para que crezcas a *pasos de gigante*.

Esto es lo que Alejandro y yo hacemos ante cualquier desafío y es en parte lo que nos ha llevado a lograr las metas que nos hemos propuesto. Cada vez que tengas un desafío, sigue este plan:

1. Cambia el lenguaje

2. Cambia las preguntas

3. Cambia la fisiología

1. Cambia el lenguaje. El lenguaje que usamos es el responsable de darle significado a una situación. Entonces, no digas *fracaso*, di *resultado*. No digas *crisis*, di *oportunidad de crecimiento*. No digas *problema*, di *reto*. Cuando cambias el lenguaje, tu mente da un significado diferente y entonces, tu emoción cambia. Cuando a Alejandro y a mí nos robaron, dijimos: "Nos libramos de esa persona (obviamente, entras en acción con el fin de solucionar, pero no te pasas el día dándote látigo con tu lenguaje).

No digas *fracaso*, di *resultado*.
No digas *crisis*, di *oportunidad de crecimiento*.
No digas *problema*, di *reto*.

¿Qué palabras negativas tiendes a usar cuando algo no sale como esperabas? Escríbelas acá y reemplázalas en la columna derecha por una palabra constructiva:

_____   _____

_____   _____

_____   _____

_____   _____

_____   _____

2. Cambia las preguntas. Recuerda que la calidad de tu vida depende de la calidad de tus preguntas. Las preguntas dirigen tu enfoque. Te enfocan en el problema o en la solución. Es muy diferente hacerte una pregunta destructiva como "¿por qué es tan difícil?" a una pregunta constructiva como:

✓ ¿Qué necesito aprender para hacer que esto sea fácil?

✓ ¿Qué libro tengo que leer o qué curso sería importante tomar para lograrlo?

✓ ¿Qué videos habrá en YouTube sobre este tema del cual necesito aprender?

✓ ¿Qué experto sería interesante contratar para que me ayude a mejorar en este aspecto?

Siempre, siempre, que tengas un desafío, toma papel y lápiz y hazte, por lo menos, 10 preguntas constructivas. Verás que en el desafío hay soluciones, aprendizajes y grandes oportunidades que bien podrías aprovechar para crecer y alcanzar tus metas.

---

3. Cambia la fisiología. La próxima vez que estés enojado o quieras llorar, haz este ejercicio: empieza a reírte a carcajadas y a brincar como si acabaras de ganarte la lotería. Verás qué confuso es esto para tu mente. La razón es porque todo tu cuerpo le está diciendo a tu mente: "Un momento, acá lo que estamos es felices". Tus gestos, tu tono de voz, la posición de tus hombros y tu ceño les mandan mensajes directos a tu mente sobre cómo te sientes.

Si yo te dijera que imagines a una persona con depresión o tristeza, ¿cómo sería su tono de voz? ¿Cuál sería la postura de su cabeza y sus hombros? ¿Sus movimientos serían rápidos o lentos? ¿Su ceño estaría relajado o fruncido?

Ahora, imagina a alguien feliz, fascinado, extasiado. ¿Cómo es su tono de voz? ¿En qué posición tiene su cabeza, sus hombros y sus brazos? ¿Qué expresiones hay en su boca y en su ceño?

En su charla Ted, Amy Cuddy hace referencia a un estudio en el cual pusieron a varias personas a hacer poses de poder (tipo la Mujer Maravilla o Superman, con las manos en la cintura y la cabeza en alto) durante dos minutos. Ella asegura que, en tan solo 120 segundos, el cortisol (la hormona del estrés) se redujo un 20% y la testosterona (que nos genera fuerza y motivación) se elevó un 25%. ¡Fantástico! La próxima vez que te sientas cansado, sin energía, triste o preocupado, escucha tu canción favorita y motivadora; luego, brinca, sonríe, levanta la cabeza y repite:

¡Soy hábil!

¡Completo y capaz!

¡Soy abundante!

¡Soy saludable!

¡Soy imparable!

MARGARITA PASOS

Especialista en desarrollo humano con más de 25 años de experiencia entrenando personas y empresas de todo tamaño (algunas de la lista *Fortune 500*) para lograr sus metas.

Ha sido reconocida por la Asociación Nacional de Locutores de México como la coach de vida más importante de América Latina.

Autora, empresaria, filántropa. Constantemente, es invitada a los medios hispanos más prestigiosos del mundo para ayudar e inspirar a otros a vivir una vida mejor.

BRIAN TRACY

Coautor de este libro, socio y máximo mentor de Margarita Pasos. Es el escritor #1 de libros de no ficción en todo el mundo, teniendo a su nombre 91 textos en los cuales enseña sobre Productividad, Ventas y Sicología del Éxito, temas con los cuales ha trascendido en más de 80 países y en 12 idiomas.

Brian Tracy ha sido mentor de las más grandes empresas del mundo y de los motivadores y líderes de desarrollo humano más destacados de nuestros tiempos. La Asociación de Autores Bestsellers de Estados Unidos le dio el premio a Toda Una Vida de Logros por sus exitosos libros, varios de los cuales son parte de la prestigiosa lista de los más vendidos de *The New York Times*.

En tus manos está el mejor Manual de Consulta para el Éxito en la Vida y los Negocios, desde la perspectiva de dos de los mentores más solicitados en Estados Unidos e Hispanoamérica.

Conoce los cursos en español de **Margarita** Pasos en temas como:

Inteligencia emocional

Ventas

Reprogramación mental

Manejo del tiempo

Liderazgo

Marketing

En **www.pasosalexito.com**

Chatea por Whatsapp con uno de nuestros asesores al **+1-305-713-9269** para seguir tu camino al éxito.